Gestão Pluridimensional
Para Executivos de Visão

Mauricio C. Serafim

Gestão Pluridimensional
Para Executivos de Visão

EDITORA
IDEIAS&
LETRAS

Direção Editorial:
Marcelo C. Araújo

Comissão Editorial:
Avelino Grassi
Edvaldo Araújo
Márcio Fabri dos Anjos

Copidesque:
Ana Rosa Barbosa

Revisão:
Thiago Figueiredo Tacconi

Diagramação:
Érico Leon Amorina

Capa:
Alfredo Castillo

ISBN: 978-85-65893-74-9

@ Editora Ideias & Letras, 2015.

EDITORA
IDEIAS&
LETRAS

Rua Tanabi, 56 – Água Branca
Cep: 05002-010 – São Paulo/SP
(11) 3675-1319 (11) 3862-4831
Televendas: 0800 777 6004
vendas@ideiaseletras.com.br
www.ideiaseletras.com.br

Dados Internacionais de Catalogação na Publicação (CIP)
Câmara Brasileira do Livro, SP, Brasil

Serafim, Mauricio C.
Gestão pluridimensional para executivos de
visão. São Paulo:
Ideias & Letras, 2015.

Bibliografia.
ISBN 978-85-65893-74-9

1. Administração de empresas 2. Comportamento
organizacional 3. Eficácia organizacional
4. Executivos - Liderança I. Título.

14-12387   CDD-658.4092

Índice para catálogo sistemático:

1. Gestão pluridimensional: administração
executiva 658.4092

Índice

Prefácio – Pensando fora da caixinha.................11

Apresentação.................................13

Capítulo 1. Ciência, gestão e as escolas
                de administração 15

Capítulo 2. A falsa dicotomia teoria *x* prática 21

Capítulo 3. Os tempos que o tempo tem.............25

Capítulo 4. Carreiras anticoncepcionais..............31

                4.1 Democratizando a carreira – 33
                4.2 Participação questionada – 35
                4.3 Carreira e emprego – 37

Capítulo 5. Cuidado: bebezões a bordo..............41

                5.1 Infantilização generalizada – 42
                5.2 O que é ser adulto – 44
                5.3 Negação geracional – 47
                5.4 O fenômeno nas empresas – 48
                5.5 O futuro – 50

Capítulo 6. A importância de mentir................51

                6.1 Dizer a verdade – 52
                6.2 Mentira e vida cotidiana – 53
                6.3 Lealdade grupal – 54
                6.4 Verdade conformista – 55

Capítulo 7. O complexo de Jonas 57

Capítulo 8. O papel da empresa no atual
contexto social 63

Capítulo 9. Responsabilidade social das
empresas: de Friedman à coprodução 67

Capítulo 10. O tao da eficácia 73

Capítulo 11. Felicidade nas organizações 83

           11.1 Visões da felicidade – 83
           11.2 Subjetivo e objetivo – 85
           11.3 Felicidade e organizações – 86

Capítulo 12. A redução da dimensão ética
nas organizações 89

           12.1 Comportamento e ação – 90
           12.2 Principais alicerces
           da síndrome comportamental – 93
           12.3 Ética do comportamento e ética da ação – 99
           12.4 Conclusões – 104

Capítulo 13. A saúde moral das organizações:
um diálogo aberto 107

           13.1 Saúde, ética e moral – 109
           13.2 Saúde moral – 113
           13.3 Sintomas da falta de saúde moral – 117
           13.4 Terapia – 120
           13.5 Uma proposta de saúde moral:
           as organizações autentizóticas – 123

Capítulo 14. Variedade de ambientes
organizacionais e qualidade de vida 129

14.1 Teoria da delimitação dos
sistemas sociais – 130
14.2 Pressupostos – 132
14.3 Principais elementos e categorias – 133
14.4 Orientação individual e comunitária – 135
14.5 Lei dos requisitos adequados – 139
14.6 Implicações – 146

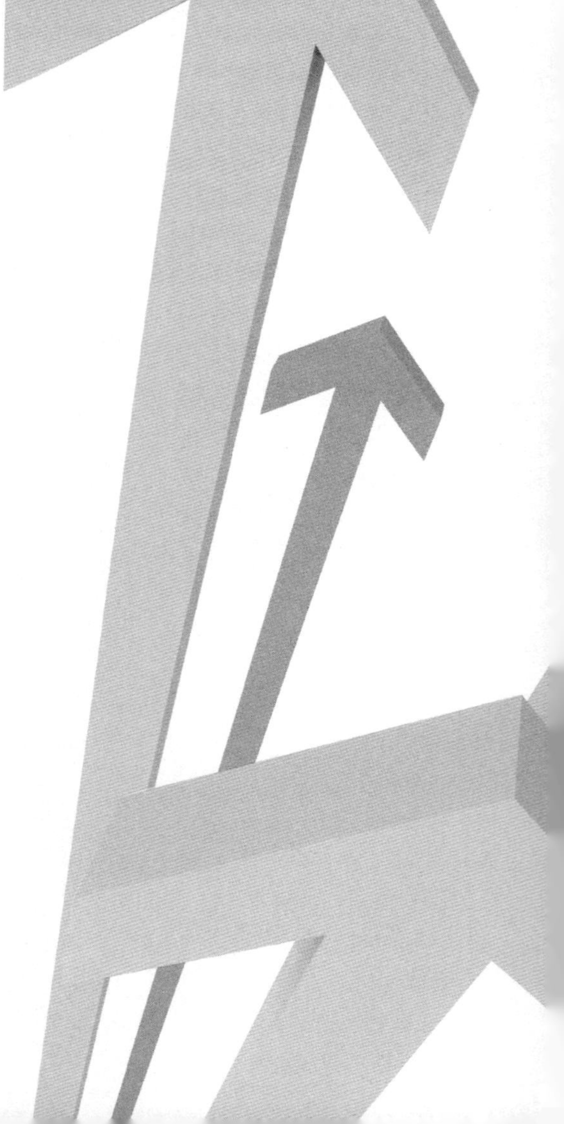

Agradecimentos

Ao amigo Pedro F. Bendassolli,
pela parceria em vários textos e pelo incentivo
na publicação deste livro.
À prof[a] Maria Ester de Freitas,
pela generosidade de diálogo, pelo incentivo,
pelas valiosas sugestões, por escrever o prefácio
e pela sugestão de que publicasse em um
importante evento o artigo germe deste livro:
Saúde moral das organizações.
À Revista de Administração de Empresas (RAE)
da FGV e à sua equipe,
pela publicação da maioria dos textos
que compõem os capítulos, e por terem
gentilmente permitido
sua reprodução.

Prefácio

Pensando fora da caixinha

A começar pelo formato (opúsculo), o livro que Mauricio Serafim assina traz boas surpresas embaladas em inocente despretensão. Os títulos que ele desenvolve, vários em parceria com Pedro F. Bendassolli, são provocativos, em linguagem clara e corriqueira, sem ser banal, equilibrando leveza e densidade, numa proposta de pensar e provocar reflexões sobre o universo organizacional e a gestão como fenômenos multidimensionais.

Parece-nos evidente que ao falarmos em sociedade multicultural, homem plural, equipes multidisciplinares ou atores flexíveis e móveis, as organizações estariam automaticamente envolvidas no manto da pluralidade e reclamariam uma mente e olhar abertos de seus gestores. Mas, não raro, o que vemos são a mesmice, a simplificação e a realidade compactada para se ajustar à receita que já se conhece, tentando-se uma ou outra adaptação para torná-la mais moderna.

Os capítulos deste livro não podem ser confundidos com mensagens de autoajuda organizacional, pois os temas têm o objetivo de desarrumar certa organização do pensamento em gestão, que faz de conta que teórico e prático são opositores, que o tempo é um inimigo a ser combatido, que existe uma tal feminização do ambiente de trabalho, que suas majestades – os bebezões – podem encontrar um mundo do trabalho em estágio zero. Nessa ideia, organizações seriam feitas para serem lugares felizes, mentiras seriam apenas versões da verdade ou que moral e ética seriam termos bonitinhos para consumo de discursos.

Você, leitor, não precisa concordar com as ideias explicitadas, mas vale a pena conferir se é verdadeira a afirmação de que os melhores perfumes estão nos menores frascos. Assim também como os melhores venenos, diria um Bórgia. É possível aprender se divertindo. Boa leitura!

Maria Ester de Freitas
(Prof ª titular da FGV-EAESP)

Apresentação

A gestão pode ser considerada um conjunto de pressuposições valorativas e orientações práticas para a coordenação das atividades das pessoas em uma organização, seja ela econômica, da sociedade civil ou estatal. Para essa coordenação, é necessário o aporte de várias áreas do conhecimento – como a economia, psicologia, comunicação, finanças, contabilidade, matemática, estatística e biologia. Elas emprestam suas teorias e aplicações para o incremento da eficácia e eficiência da organização ou, pelo menos, para ajudá-la a sobreviver em seu ambiente.

Tal conjunto de conhecimentos faz com que a gestão seja essencialmente multidisciplinar, o que a torna rica de possibilidades de ferramentas para a solução de problemas organizacionais e, ao mesmo tempo, enfrenta o constante desafio de acrescentar novos conhecimentos nessa miríade de abordagens para refinar ou propor novas soluções pertinentes aos variados dilemas e limitações que surgem diariamente.

Apesar de multidisciplinar, a gestão carece de uma visão mais pluralista de suas dimensões. O objetivo deste livro é o de colaborar com o desenvolvimento de novos conhecimentos dessas dimensões a partir de reflexões acerca do universo da gestão de uma maneira um tanto incomum. Assim, são discutidos temas e questões pouco abordados nos livros da área e que influenciam tanto a eficiência quanto a vida organizacional – ou o corpo social, como diria Henri Fayol. Também se tratará de temas mais tradicionais – como a eficácia, responsabilidade social empresarial e a ética –, mas buscando fugir da obviedade e contribuir com análises e informações relevantes para os envolvidos na gestão.

Os capítulos são independentes entre si e podem ser lidos na ordem mais conveniente ao leitor. Os três últimos são de maior fôlego, escritos para publicações de cunho científico. Buscou-se utilizar uma linguagem acessível, visando – espera-se que de forma bem-sucedida – eliminar os jargões científicos, que interessam apenas aos colegas acadêmicos.

Capítulo 1

Ciência, gestão e as escolas de administração

No artigo instigador *Como a escola de administração perdeu o rumo*, os professores americanos Warren Bennis (Universidade do Sul da Califórnia) e James O'Toole (Universidade de Denver) afirmam que há uma crise nas escolas de administração e apontam que um elemento crucial dessa crise é a adoção de um modelo de excelência acadêmica que é inadequado para as escolas de gestão. Denominado pelos autores de modelo científico, possui como premissa que a administração é uma disciplina acadêmica como as das ciências naturais, tal como a física, ou adotam o modelo da economia. Nomeado jocosamente pelos autores de "inveja da física", essa adoção faz com que os pesquisadores de administração utilizem modelos abstratos – financeiro, econômico, estatístico – com resultados de pesquisa importantes, mas que não raramente apresentam baixa relevância para quem atua na prática.

Ao adotar esse modelo científico, é deixado de lado o modelo profissional de médicos e advogados que, de acordo com os autores, seria o mais adequado para a administração, por serem profissionais que dão aulas, fazem pesquisa e atuam em suas áreas. Outra consequência do modelo está na avaliação dos professores, que é atrelada a sua produção científica. Essa produção é avaliada entre os pares, ou seja, outros cientistas e vinculada aos principais temas que as revistas científicas ou congressos publicam. Isso tem como consequência trabalhos de interesse limitado para os praticantes da administração.

E por que isso acontece? Principalmente por dois motivos. Primeiro, porque confere legitimidade científica à disciplina e desvincula o estigma que havia antes da década de 1960 sobre a escola profissionalizante de administração, cujo quadro era preponderantemente de professores práticos, normalmente gerentes de empresas onde aulas eram ministradas. Segundo, as técnicas de pesquisa, apesar de exigirem domínio de ferramentais quantitativos sofisticados, estabelecem poucos *insights* sobre fatores sociais e humanos complexos e exigem pouco trabalho de campo para descobrir problemas reais que os gestores vivenciam.

Assim, configura-se o que os autores chamam de metodolatria, o apego ao método de pesquisa, independentemente do seu objeto de estudo. Pode-se dizer que o "método foi feito para o tema relevante, e não o tema para o método". Dessa forma, seria fundamental que a prioridade estivesse em função de um tema relevante, útil, que interessasse ao público da administração, e não limitar o escopo da pesquisa em função do método que se está acostumado a utilizar ou que é mais legitimado ou, ainda, preferido pelos periódicos científicos.

É claro que a questão do ser útil é controversa. Um artigo em administração, de qualquer forma, sempre será útil. A pergunta principal é: para quem? Se um artigo é publicado num periódico reconhecido, mas não é usado pelo mundo prático da administração, ele é útil para o currículo do profissional ou para o avanço pontual de um debate científico que pode ser ou não relevante para a prática. Entretanto, a linha que os autores seguem é a de que essa "utilidade" está eclipsando a outra faceta da utilidade, qual seja, de orientar a ação administrativa. Portanto, uma pergunta que pode ser feita é: quais as mudanças na vida prática organizacional que as pesquisas científicas estão proporcionando?

Essa parece ser também a preocupação do professor britânico Richard Whittington (Universidade de Oxford) no campo mais específico dos estudos organizacionais da estratégia. Ele afirma que sua intenção está em recuperar a prática da estratégia da posição marginal que ocupa no programa atual de pesquisa. O autor identifica que a estratégia – e, acrescento, os estudos organizacionais como um todo – está presa aos pressupostos de pesquisas oriundas dos Estados Unidos da década de 1960, cujas restrições acerca do conhecimento científico estão ligadas às seguintes considerações: a imparcialidade científica é superior ao engajamento prático; o geral é superior ao contextual; o quantitativo (denominado *hard science*) é superior ao qualitativo (*soft science*); e, a ciência é a melhor forma de se obter o conhecimento (elitismo científico). Essas considerações – trazidas pelo Iluminismo há 300 anos e que fazem parte do que o autor denomina de Modernismo – são consequências da ascensão e supremacia da racionalidade teórica, que transpôs a preocupação do conhecimento em relação ao local, temporal e prático para as leis gerais, atemporais e universais. As ciências sociais surgem nesse momento histórico e pode-se reconhecer que os estudos organizacionais também seguem essa tradição.

Para ilustrar a dicotomia entre a pesquisa acadêmica e a prática gerencial, Whittington cita uma pesquisa[1] com cerca de 100 CEOs americanos. Entre eles, 6% afirmaram ler ocasionalmente a *Strategic Management Review* – considerada a publicação científica mais importante da área de Estratégia –, enquanto 66% admitiram não conhecer o periódico. Para enfrentar o desafio dessa dicotomia, Whittington propõe a abordagem após o Modernismo, que é uma proposição de tentar recuperar a razão prática, contestando o Modernismo e indo além da simples rejeição do Pós-modernismo às ciências que se fundamentam na razão teórica. Além disso, o autor propõe uma agenda dupla de pesquisa após o Modernismo, que inclui uma agenda sociológica direcionada em compreender as elites estratégicas, suas habilidades, tecnologias e implicações para a sociedade, bem como uma agenda gerencial, que procura transformar essa compreensão sociológica em práticas para o mundo organizacional.

Voltando a Bennis e O'Toole (2005), o desafio é o de:

> *Restaurar o equilíbrio do currículo e do corpo docente: precisamos de rigor e relevância. O grande pecado da maioria das melhores escolas de gestão de hoje é que serve, sobretudo, aos interesses de pesquisa e às metas de carreira do corpo docente, com pouca atenção às necessidades dos outros interessados.*

Os autores defendem que deve haver um novo equilíbrio entre rigor científico e relevância prática. Mas, como? Algumas sugestões poderiam ser as seguintes: a) os temas

---

[1] Gopinath e Hoffman (1995).

devem ser relevantes para os gestores, como, por exemplo, os colocados pelos autores:

> *Qual o impacto da cultura da celebridade na liderança? Como deveria ser remunerado um presidente? Como planejar operações globais ao mesmo tempo eficientes e equitativas? Qual a finalidade de uma empresa, além de criar valor ao acionista?*

Enfim, ousar fazer perguntas relevantes para o mundo da gestão; b) os métodos de pesquisa devem ser rigorosos para garantir que o conhecimento construído não contenha ilogismos e que, simultaneamente, não despreze questões por não conseguir sua validade científica; e c) os resultados da pesquisa podem ser aplicados? Eles direcionam a ação administrativa?

Seja como for, talvez o principal problema do tema da discussão não é o fato de as escolas de administração terem adotado o rigor científico, mas terem abandonado outras formas de conhecimento. Assim, é importante atentarmos para a valorização dessas outras formas: do qualitativo como fonte importante de *insights* para o mundo organizacional, e do engajamento prático como uma forma de se conhecer o mundo, sem que precisemos recorrer ao estabelecimento de uma hierarquia epistemológica, o que leva a uma elitização da ciência. E é dessa elitização que precisamos nos libertar.

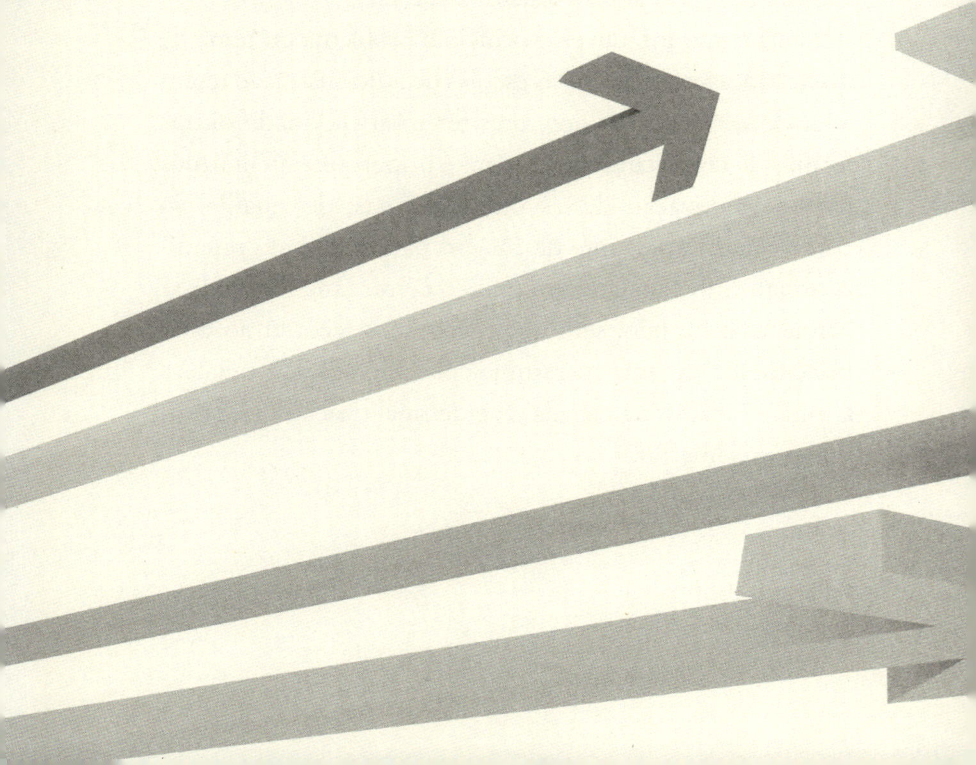

Capítulo 2

A falsa dicotomia teoria *x* prática

A preocupação com a prática pode se tornar um mal-entendido quando se antagoniza com a teoria, ou seja, quando a primeira é vista como prioridade, relegando à segunda um caráter de "mal necessário".[2] Tomando isso como certo, supõe-se que uma é mais importante que a outra, consideração possível apenas se dicotomizarmos a teoria da prática. Feita a separação, uma parece ter vida própria em relação à outra, adquirindo *status* diferenciado.

Façamos um experimento de pensamento e consideremos que realmente sejam autossuficientes. A teoria, fora da prática social, assemelha-se ao livro colocado em uma biblioteca que ninguém lê. Sua existência não faria a menor diferença às pessoas. Essa desvinculação da teoria com a prática a transforma em mero palavreado, que Paulo Freire chamou de verbalismo. Aqueles que criticam a teoria estéril, mesmo sem saber, referem-se a esse gosto da "palavra oca", sem nenhum tipo de compromisso com a realidade.

A prática, tomada como autossuficiente, não passa de mera técnica. Ela nos mostra

---

2 Uma primeira versão desse texto foi publicada na *Revista Espaço Acadêmico*, ano 1, n. 7, 2001.

o como fazer (*know-how*), apontando prescritivamente os passos para realizarmos determinada tarefa. O problema está no fato de que, com o fornecimento desses métodos há uma data de validade – como toda receita – no tempo e no espaço, variando muito de contexto para contexto. Por exemplo, o sistema de produção, a organização administrativa e a realidade econômica variam de empresa para empresa, de região para região. Devido a isso, é impossível ensinar na universidade todas as técnicas de todos os possíveis contextos em que o aluno se inserirá. Nesse caso, o aluno terá que possuir as condições mínimas e necessárias para que possa desenvolver a habilidade para quando se deparar com o novo, saber avaliá-lo, julgá-lo, apreendê-lo e modificá-lo de acordo com a realidade na qual está inserido. Em uma frase, deverá ser autônomo e não autômato. Sob o ponto de vista apenas da prática, o indivíduo fica à mercê da técnica e, portanto, se torna autômato, simples repetidor.

Quando olhamos a teoria e a prática em relação e em constante tensão, dissipam-se os dois cenários acima. A teoria não se torna verbalismo nem a prática, automatismo. Dessa forma, a teoria "implica uma inserção na realidade, um contato analítico com o existente, para comprová-lo, para vivê-lo e vivê-lo plenamente, praticamente".[3] Não seria correto afirmar que o pecado de nossa educação é ser teórica porque, na verdade, "nossa educação não é teórica porque lhe falta esse gosto da comprovação, da invenção,

---

[3] FREIRE, Paulo. *Educação como prática da liberdade*. Rio de Janeiro: Paz e Terra, 1999.

da pesquisa. Ela é verbosa. Palavresca",⁴ no sentido que lhe atribuímos quando a teoria se pretende autossuficiente.

A relação teoria *x* prática permite entender a teoria como o farol do carro na estrada em uma noite escura, que ilumina, a cada momento, um novo ângulo e de modo diferente, a fim de decifrar a topografia do percurso. A admissão da relação teoria *x* prática explicita tal interdependência que permite maior apuramento de ambas. É o "estar em relação" que dá o caráter dinâmico da transformação tanto da teoria quanto da prática. Considerá-las independentes é relegá-las ao estatismo, inércia, imobilismo.

A teoria é feita de conceitos, que são abstrações da realidade. Assim como foram comparadas com o farol de um carro, podemos entender as abstrações como caminhos do pensamento que nos aproximam das dimensões do real:

> *A compreensão que possamos ter da situação concreta será maior se formos capazes de nos aproximar da realidade manifestada através daquele conceito abstrato.*⁵

Quanto maior for o grau de concretude do pensamento, menor será a compreensão da realidade. Isso porque há uma tendência em atribuirmos propriedades de partes de uma realidade que experienciamos à totalidade dessa realidade. Por exemplo, se algum indivíduo não possui a capacidade de abstração (ou teórica), algumas experiências desagradáveis com algumas mulheres tenderão a ser julgadas por ele como

---
4   *Ibid.*
5   BOADA, Luis. *Uma economia poética*. São Paulo: Brasiliense, 1987, p. 17.

característica de toda uma categoria humana denominada *mulher*.

Com isso quero deixar claro que não podemos pensar se devemos privilegiar *ou* a prática *ou* a teoria. Devemos privilegiar a teoria *e* a prática. É uma relação includente e não excludente. O aluno deve ser alfabetizado – seja em administração, economia, engenharia ou qualquer outra área do conhecimento – para ler o mundo e não apenas as palavras. Uma educação que privilegia preponderadamente a técnica (ou a famigerada prática) é uma alfabetização reduzida e mecânica da existência. Abstrair não é fugir da realidade, mas nela se inserir de modo não banal. Portanto, acredito que o embate entre teoria *x* prática esconde algo mais profundo: se desejamos ou não entender o mundo. Se desejamos educar pessoas para a autonomia ou *automato*nomia[6]. Se desejamos repetidores ou criadores. Olhando por esse ângulo, podemos perceber a falácia que é separar e diferenciar o *status* entre a prática e a teoria. Não é lógico, mas ideológico.

---

6 Neologismo formado pelas palavras autômato (maquinismo que se põe em movimento por meios mecânicos) e *nomos* (lei, regra, norma), ou seja, capacidade de apenas se comportar mecanicamente, automaticamente, provinda de leis mecânicas.

Capítulo 3

Os tempos que o tempo tem

O tempo é uma das noções humanas mais intrigantes. Em uma das narrativas escritas mais antigas que conhecemos, a Bíblia, no livro de Gênesis é relatado figurativamente como o mundo foi criado em seis dias, e é logo no primeiro que surge o dia (luz) e a noite (trevas), e com eles a noção do tempo no sentido específico de ciclo. O advento da agricultura tornou o ciclo das estações primordial para a sobrevivência da comunidade e, por isso, a vida social e biológica de nossos antepassados era totalmente sincronizada com os eventos da natureza. Em tais eventos – também entendidos por ciclos – eram incluídas as fases da lua e das marés, e a tarefa primordial era entender a natureza e se adaptar a ela da melhor forma possível para que houvesse alguma chance de sobrevivência. Nessa época, então, a humanidade vivia o tempo da natureza.

Ao longo dos séculos, o homem procurou criar técnicas de medição do tempo, como calendários, relógios de sol, leitura das posições das estrelas – que também servia para a localização espacial –, para ter um pouco mais de controle sobre sua relação com a natureza. Mas era um controle passivo, no sentido de se guiar em um tempo que, segundo a crença da época, fora criado por Deus ou era inerente à natureza. O homem segue como protagonista de um roteiro que não escreveu. Entretanto, a partir do século XVII essa situação se modifica e surgem ideias e conceitos como liberdade, autonomia, e racionalidade, que não permaneceram restritos apenas à esfera da filosofia política, ou seja, nas relações entre os homens, mas se estendeu à relação entre o homem e a natureza. A ideia de não mais viver resignadamente toma conta das mentes e ações dos homens, que procuraram, então, subjugar a natureza, controlá-la, iniciando assim um roteiro que seria escrito pelo próprio homem. O avanço tecnológico, principalmente na Revolução Industrial, deu as condições materiais para isso.

E o tempo, elemento natural que controlava os grupos humanos de acordo com seus processos cíclicos e inquestionáveis, é encapsulado em convenções sociais cujo símbolo-mor é a disseminação dos relógios. Ele cada vez mais assume um caráter coercitivo não mais relacionado com a natureza, mas com algo também criado pelos homens: a produção industrial. No final do século XIX e início do XX, o ganhar tempo vai aos poucos se transformando em um valor social. A busca pela eficiência tomará ares de ciência na proposta do estudo e controle total dos tempos e movimentos, convencionalmente atribuído aos trabalhos de Frederick Taylor (1856-1915). Definitivamente o tempo deixara de ter uma relação cíclica com o sol, com as estações do ano ou com a lua, e se cria uma relação linear com a precisão do relógio, instrumento principal de Taylor. Em outras palavras, a humanidade vive o tempo convencionado pelo relógio.

Dessa forma se criou um sistema organizacional inédito na história da humanidade, totalmente descolada da realidade da natureza, com uma dinâmica interna muito própria: objetivos devem ser atingidos com o menor custo e o máximo ganho, sempre em relação ao tempo. No entanto, algo mais aconteceu. De alguma forma, essa dinâmica transbordou para a sociedade e se transformou em um estilo de vida, tendo como resultado o estabelecimento de um critério de conduta social – e não apenas empresarial. Esse critério é pautado pela busca da eficiência e pelo "não ter tempo a perder" em praticamente todos os relacionamentos humanos. Esse estilo de vida tem como efeito colateral algumas patologias modernas, como o estresse, a depressão e a insônia, e outros problemas físicos gerados pela ansiedade por ter que se enquadrar a tal estilo.

Essas e outras reflexões são abordadas pela obra *Perca tempo* (Paulus, 2005), de Ciro Marcondes Filho, professor da ECA-USP. O autor defende que, devido a nossa busca para acompanhar tais normas de conduta, estamos nos tornando máquinas neuróticas, criando couraças que dificultam termos relações verdadeiras, não estamos conseguindo ver o mundo em sua profundidade e riqueza, e estamos tendo dificuldades de ouvir realmente o outro. Como afirma o autor, para "não perdermos tempo, perdemos a vida", e propõe que uma forma de saber lidar com todas essas questões é utilizar o tempo a nosso favor, ou seja, perdermos um pouco mais de tempo com as coisas, incluindo as que não fazem parte da dimensão profissional, e respeitar a temporalidade específica das coisas e relações pessoais, não tentando enquadrá-las, como é narrado na mitologia sobre o leito de Procusto, de acordo com um único parâmetro. Talvez isso fique um pouco mais claro com a distinção que alguns sociólogos – como Alberto Guerreiro Ramos – fazem acerca do tempo social.

O tempo diretamente relacionado ao relógio e, portanto, quantificável, é denominado tempo serial. Existem, porém, mais duas dimensões temporais: o tempo convivial e o tempo de salto. O convivial é uma experiência de tempo em que aquilo que ganhamos nos relacionamentos com as outras pessoas representa uma gratificação profunda por nos liberar de pressões que impedem a realização pessoal. Nele somos encorajados a nos relacionarmos sem fachadas e a expressarmos nossos sentimentos mais profundos com autenticidade, o que geralmente resulta em um aumento da confiança recíproca.

O tempo de salto é um tipo muito pessoal de experiência temporal, cuja qualidade e ritmo refletem a intensidade de nossos anseios pela criatividade e autoconhecimento. É um momento importante de esforços criativos autogratificantes. Tanto o tempo convivial quanto o de salto não podem ser quantificáveis e, em ambos, o tempo serial é esquecido. São nessas duas dimensões temporais que há uma conotação positiva do tempo, como quando estamos com uma pessoa agradável, "o tempo voa", ou quando praticamos algum tipo de *hobby*, não sentimos o tempo passar. Em nossa sociedade, geralmente em todos os dias da semana somos obrigados a sincronizar nossas vidas de acordo com o tempo serial, adiando para os finais de semana nossos tempos convivial e de salto, quando isso for possível. E de acordo com essa concepção de tempo, nossa qualidade de vida está diretamente relacionada com a variedade temporal que experimentamos. É uma exigência da nossa condição humana. Portanto, o tempo serial precisa ser reconhecido por aquilo que é e não tomado erroneamente por tudo aquilo que o tempo significa.

Qualquer discussão sobre a qualidade de vida na sociedade e, particularmente, nas empresas, deve estar atenta à necessidade humana de vivenciar os diferentes critérios de tempo. A experiência do Google – de fazer com que seus desenvolvedores reservem 20% de seu tempo de trabalho para se dedicarem a ideias que bem entenderem – pode ser vista por este prisma: o incentivo ou a construção de um espaço organizacional no qual o tempo de salto é possível de ser vivido. Nesse caso, "perder tempo" assume um significado diferente pelo ponto de vista do tempo serial, segundo o qual perder tempo é absolutamente negativo. Entretanto, da perspectiva do tempo de salto, não há criatividade – e o prazer que acompanha o ato de criação – sem que percamos tempo, que assume, dessa forma, uma conotação positiva.

Desde que Taylor iniciou seus experimentos, há cerca de um século, que o tempo nas empresas foi assumido como unidimensional. Mas talvez estejam surgindo na realidade organizacional, quase por acaso, tentativas de se considerar os tempos que o tempo tem. E, com isso, ganham todos.

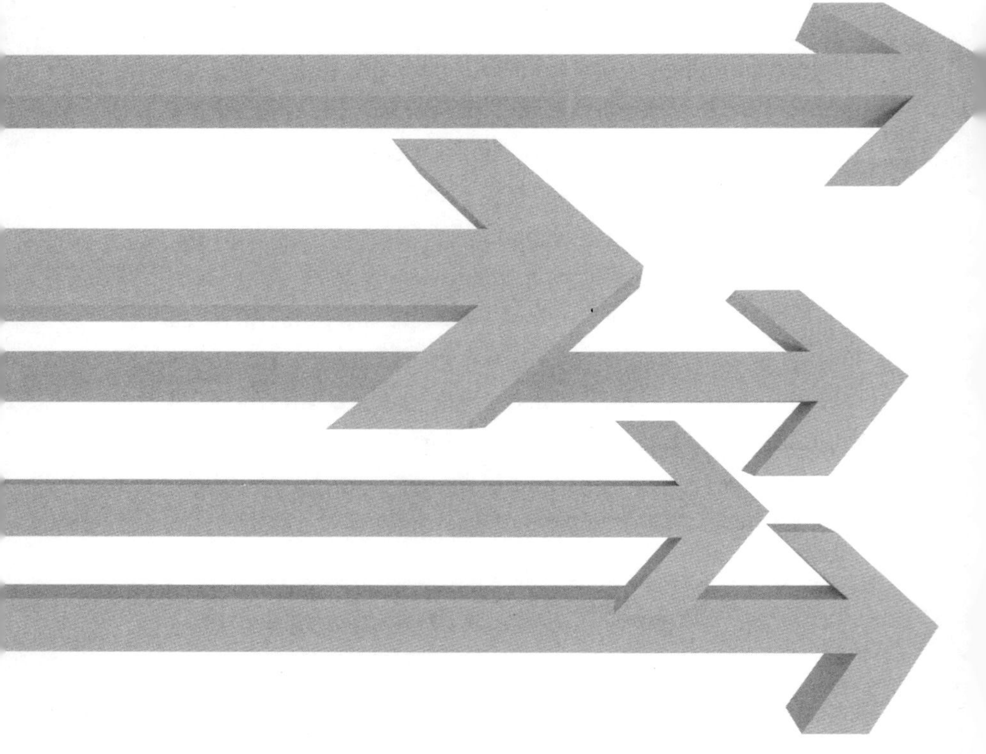

Capítulo 4

Carreiras anticoncepcionais
Coautoria de Pedro F. Bendassolli

Em um artigo publicado em 12 de abril de 2006, a revista inglesa *The Economist* lançou uma nova palavra que tem grandes chances de entrar para o vocabulário corrente do mundo corporativo: *womenomics*. O neologismo endossa a tese da "feminização" do mercado de trabalho e pretende chamar a atenção para o fato de que essa possível "mudança de sexo" está trazendo ganhos para as economias nacionais de alguns países desenvolvidos.

A tese da feminização parece amparar-se em fatos. Nos Estados Unidos dos anos de 1950, por exemplo, apenas um terço das mulheres em idade para trabalhar tinha uma ocupação, em geral ligada às áreas de educação, saúde e serviços sociais. Cinco décadas mais tarde, esse número aumentou para dois terços, o que significa que quase metade da força de trabalho daquele país é composta por mulheres. As áreas de atuação da mulher também se diversificaram, bem como melhorou seu nível de educação comparativamente ao dos homens. Para se ter uma ideia dessa última observação, nos Estados Unidos, para cada 100 homens que ingressam nas universidades há 140 mulheres. No Brasil, de acordo com dados do IBGE referentes a 2004, a tendência norte-americana se mantém: as mulheres têm por aqui 8,6 anos de estudo contra 7,6 dos homens.

O artigo da *The Economist* mostra ainda que a taxa de emprego para os homens tem declinado nas últimas décadas (12% da população economicamente ativa masculina em relação aos anos de 1950), significando que, ao menos em países como os EUA, há uma tendência à igualdade estatística entre homens e mulheres na ocupação de postos de trabalho. O artigo mostra que, desde a década de 1970, as mulheres vêm preenchendo o dobro de vagas em relação aos homens e que isso marcou uma contribuição significativa para o crescimento global da economia. Podemos observar ao menos duas razões para o crescimento do número de mulheres no mercado de trabalho.

A primeira é um tipo de corolário da própria história marginal das mulheres em relação ao mundo dos negócios. Essa é uma constatação fácil, pois, na medida em que as mulheres ficaram tanto tempo fora do mercado, seria de se esperar que a taxa de inserção fosse agora comparativamente maior que a dos homens, que já estavam em maior número no mercado. A segunda razão refere-se a uma mudança estrutural no perfil do trabalho ao longo das últimas décadas: o modelo do emprego industrial, para o qual tipicamente se exigem habilidades "masculinas" (físicas, na maioria das vezes), vem sendo progressiva e rapidamente substituído pelo emprego no setor de serviços, no qual outras habilidades, que não físicas, são demandadas, habilidades parcialmente independentes do gênero.

Entretanto, gostaríamos de propor uma visão alternativa sobre a relação entre mulheres e mercado de trabalho, uma visão que talvez contrarie uma das mais poderosas intuições sobre o tema, a saber, de que o mercado de trabalho foi historicamente "preconceituoso" com relação às mulheres. Contrariamente, defendemos que o acesso a esse mercado na atualidade depende muito menos do gênero do que da capacidade de os indivíduos assumirem o desenvolvimento de uma carreira. O aspecto de real interesse é que, do ponto de vista dos gêneros, tal desenvolvimento não se faz em pé de igualdade, e por uma questão importante: a maternidade.

4.1 Democratizando a carreira

A noção de carreira surgiu ao longo do século XIX com a ascensão da sociedade industrial e do capitalismo como sistema econômico, cujas bases ideológicas eram as crenças no progresso social a partir da autonomia e da liberdade concedidas aos indivíduos. Anteriormente, na sociedade feudal, a sociedade era composta por uma divisão social rígida entre o clero, a nobreza e o terceiro estado (mercadores, camponeses e artesãos). Nesse tipo de sociedade, o indivíduo era inteiramente absorvido pelo grupo, com raríssimas chances de mobilidade social. Um caso emblemático disso é o de Wolfgang Amadeus Mozart (1756-1791), que, tendo vivido na transição do sistema feudal para o burguês, ainda sentiu o peso da estrutura da nobreza ao tentar construir para si, como indivíduo, uma carreira própria.

Na teoria, o acesso a uma carreira deveria estar aberto a ambos os sexos. E de fato isso parece ter acontecido. O problema, entretanto, é a hierarquia de *status* associada a determinadas carreiras, e é nesse ponto que, historicamente, as mulheres levaram desvantagem. A carreira tipicamente atribuída, ou tornada acessível, às mulheres era a de esposa e mãe. Com o casamento, muitas até então tuteladas inteiramente aos pais, ganhavam visibilidade. O clássico romance da escritora Jane Austen, que recebeu nova versão cinematográfica de mesmo título, *Orgulho e preconceito* (2006), ilustra bem tal ponto. A trama gira em torno de uma família cuja mãe não tem outra preocupação que não o casamento de suas cinco filhas. Austen faz uma brilhante radiografia da estrutura de classe e dos meios de acesso ao *status* às mulheres no aristocrático século XVIII. Desnuda regras de progressão social em que os homens ganhavam prestígio na medida em que se envolviam com o exército, a igreja e o mundo das leis, ao passo que as mulheres só o obtinham pela aquisição de renda dada no estrito âmbito do casamento.

Expandindo o exemplo, historicamente encontramos evidências de que a carreira para as mulheres sempre esteve associada à casa, e sua identidade social e pessoal dela dependiam. Essa característica, que a socióloga inglesa Alison Wolf recentemente discutiu em polêmico artigo na revista *Prospect*, fazia com que as mulheres partilhassem um senso de "irmandade", ou seja, dividissem uma carreira basicamente coletiva, social: uma vez esposa, tinham de aderir a códigos de conduta predeterminados e atrelados à manutenção da "grande família". A maternidade e o cuidado da casa, em uma estrutura social patriarcal, contribuíam para que as mulheres formassem um grupo homogêneo, com interesses relativamente convergentes.

Desse modo, não seria correto dizer que as mulheres não tinham uma "carreira"; o que elas não tinham era uma carreira no sentido individualista e "masculino" do termo. E, com o passar do tempo e com as transformações econômicas nas fundações da família patriarcal tradicional, inclusive graças ao próprio movimento feminista, o *status* de esposa e mãe se arrefeceu, de tal sorte que hoje, nas sociedades capitalistas avançadas, os mais altos *status* são atribuídos a carreiras individualistas, quando os interesses pessoais são colocados – ou têm de ser – acima dos interesses do grupo, que, no caso das mulheres, se referiam à perpetuação da família por meio da maternidade. Chama a atenção, nesse particular, que as novas gerações de mulheres vejam com reservas a possibilidade de seguir a carreira de doméstica. Nos países desenvolvidos, como no Brasil, a carreira de mãe é uma espécie de coadjuvante, uma sobreposição à principal, no mercado formal. Mas quais as consequências disso para as mulheres?

4.2 Participação questionada

O feminismo dos anos de 1960 e 1970 combatia o estilo de vida da mulher cuja carreira era o cuidado da casa e dos filhos. Sua luta consistia em libertar a mulher dos afazeres domésticos e inseri-la no mercado de trabalho com os mesmos direitos dos homens, centrando fogo naquilo que denominavam de sociedade patriarcal. As feministas na verdade contribuíram – talvez sem sabê-lo – para que os valores do mercado invadissem e se afirmassem como os mais importantes na vida de ambos os sexos. Conforme diz Wolf, o movimento endossou a crença de que, fora do trabalho, não há qualquer possibilidade de realização pessoal.

Quer dizer, o feminismo levantou a bandeira da carreira. Mas de qual carreira? Não a de mãe e não a de esposa, mas a de profissional. Em um primeiro momento, talvez sejamos persuadidos a acreditar que o movimento alcançou seus objetivos, junto com tantas outras transformações sociais e econômicas das últimas décadas. Afinal, conforme apresentamos anteriormente, a participação das mulheres na economia vem crescendo e, em muitos casos, superando a dos homens. Entretanto, um olhar mais atento e sensível a um outro tipo de dado pode nos mostrar um instigante fenômeno envolvendo as mulheres e o mundo corporativo.

Estudos mostram que, no âmbito mundial, apenas 7% dos executivos da alta cúpula das empresas são mulheres. É claro que esse número sofre variações. Por exemplo, nos Estados Unidos, ele está em torno de 15% e no Japão em menos de 1%. No Brasil, segundo os dados do IBGE (Síntese de Indicadores Sociais, base de dados PNAD [Pesquisa Nacional por Amostra de Domicílios] de 2004, divulgado em 12 de abril 2006), apenas 3,9% das mulheres ocupadas estão em cargos de alta direção, enquanto a proporção dos homens é de 5,5%.

Nesse ponto podemos nos interrogar: seriam esses índices sobre participação qualitativa das mulheres em cargos de direção prova de que o mercado as exclui ou lhes priva *status* elevado em um domínio tradicionalmente masculino? Ou de que o mercado é preconceituoso quanto à capacidade feminina de liderar nossas corporações? Podemos, enfim, concluir que as diferenças entre os gêneros são muito mais amplas do que o discurso corrente da igualdade nos faz crer? Amparando-nos no mencionado texto de Wolf e em algumas intuições contidas no conceito de carreira discutido anteriormente, pretendemos sugerir que a resposta para essas questões é negativa. Ou seja, acreditamos que não é tanto o preconceito ou a discriminação do mercado que interfere no tipo de participação das mulheres, mas o conflito aparentemente irreconciliável entre carreira e maternidade. Vejamos isso a seguir.

4.3 Carreira e emprego

Há uma diferença importante entre ter um emprego e uma carreira. A tese de Wolf é de que a maioria das mulheres tem um emprego, não uma carreira. E por uma razão simples: para de fato possuírem a última, elas têm de abdicar de serem mães ou então terem apenas um filho. O dilema das mulheres é provocado por duas características importantes da carreira moderna: primeira, assumir um curso individualista de ação, quer dizer, ter de orientar-se por valores ligados aos próprios interesses, à própria autoimagem e ao desejo de se destacar em relação a um grupo, inclusive a família. Em uma sociedade pretensamente burguesa, a carreira é uma das poucas – senão a única – formas de acesso a prestígio e *status* e fator de singularização do sujeito (tornar-se alguém único). Uma mulher que hoje não possua carreira sente que sua condição é duplamente mais difícil que a do homem, pois, além de temer o desemprego (que não depende de gênero para ser nefasto), teme ficar sob a tutela dos pais ou mesmo do marido. Expressões de senso comum, tais como "pilotar fogão" ou "ela deu o golpe do baú", são altamente expressivas dessa sensibilidade restritiva em relação às mulheres.

Uma segunda característica da carreira moderna é o alto grau de sofisticação educacional que ela exige. No mundo inteiro o que se tem observado, lembra novamente Wolf, é que mulheres mais instruídas são as que têm maiores chances de assumir postos prestigiados no mercado de trabalho, isso se não tiver filhos ou tiver apenas um. Por conseguinte, afirma a autora, o movimento feminista possui uma dimensão falsa na medida em que faz dos interesses de uma pequena elite de mulheres instruídas uma regra para todas: liberdade e autonomia para escolherem suas carreiras. Ocorre que grande parte das mulheres, e o Brasil é exemplar nesse sentido, não tem acesso à alta educação, de sorte que sua única opção é o casamento e, principalmente, a criação dos filhos, intercalado com algum tipo de trabalho para a manutenção financeira da família. Mulheres menos instruídas são hoje as que mais se dedicam à maternidade (segundo a pesquisa do IBGE já citada, o aumento da escolaridade feminina reduz a fertilidade). São mulheres que não têm uma carreira, mas sim um emprego, pois sobrepõem diferentes papéis sociais e têm uma orientação muito mais coletiva que individualista, característica que, como vimos, é fundamental à noção moderna de carreira.

Acreditamos que para entendermos a situação das mulheres hoje no mercado de trabalho é muito mais vantajoso considerar fatos como a invenção da pílula e a liberação do comportamento sexual feminino (e masculino) do que o suposto preconceito do mercado. Pois na medida em que a mulher consegue desvencilhar-se da compulsoriedade biológica da maternidade, consegue estar livre, disponível e dócil diante das exigências inegociáveis da carreira moderna. Cremos, portanto, que o discurso da igualdade de oportunidades no mercado é predominantemente machista. Esse preconceito implica a fantasia de que existem condições idênticas entre homens e mulheres em nível muito básico, o que claramente não é verdade. Como consequência, tal discurso acaba gerando desigualdades na prática.

O preço pago pela mulher que tenha optado por uma carreira certamente é mais alto do que o pago por um homem. No entanto, dada a atual condição social, não podemos desconsiderar que a escolha está com a mulher. Então, podemos esperar que, quanto mais elas optarem por uma carreira, portanto, quanto mais colocarem suas prioridades como indivíduos em detrimento de sua condição biológica de reprodução, da família e da tradição, mais as futuras estatísticas mostrarão a oscilação do pêndulo a favor delas. O preconceito, repetimos mais uma vez para encerrar, é muito mais um custo de oportunidade, ou seja, uma questão de as mulheres decidirem pelas perdas que terão como mães ao entrarem no mercado de trabalho com uma carreira, do que a imposição do mundo corporativo machista que não as reconhece como competentes. No fundo, a questão atinge a todos: é a sociedade centrada no mercado que dita as regras.

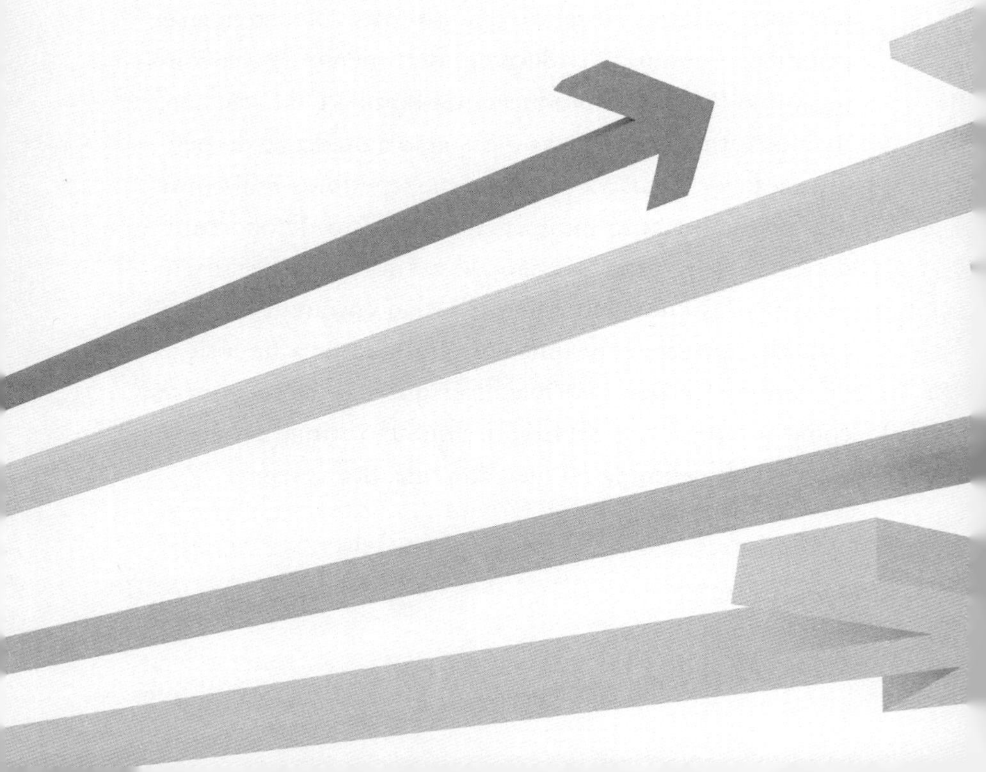

Capítulo 5

Cuidado: bebezões a bordo[7]

Coautoria de Pedro F. Bendassolli

Se o leitor é pai ou mãe de classe média, certamente já deve ter passado por situações difíceis com respeito à educação dos próprios filhos: gritos, falta de modos em ambientes públicos, desejo irrefreável e inadiável por algum novo brinquedo, birras, manhas e uma infinidade de outros comportamentos problemáticos. Se o leitor é professor ou professora, decerto já deve ter tido (ou tem) problemas com o comportamento de seus alunos em sala de aula, materializado em fala excessiva, desrespeito às regras e aos próprios colegas, descompromisso com a aprendizagem e rebeldia com a autoridade (o professor).

Agora, se o leitor é um gerente ou pessoa encarregada de controlar o trabalho de outras pessoas, talvez esses problemas de educação não apareçam de forma tão evidente. Afinal, ao que tudo indica, os funcionários – em geral – chegam à empresa com um comportamento disciplinado, dispostos a acatar as ordens e a se envolver com o trabalho, comprometidos com as tarefas e interessados em colaborar, maduramente, com os colegas. A favor dessa ideia, a intuição popular

---

7   Publicado na *GV-Executivo*, vol. 6, n. 1, 2007, pp. 49-53.

nos diria que a empresa é uma terra de adultos maduros. Crianças e adolescentes habitam outros lugares: casa, escola e *shoppings*.

O leitor poderia dizer que isso ocorre graças ao lento processo de aprendizagem civilizatória que transforma crianças e adolescentes rebeldes em jovens adultos responsáveis e que, por uma questão óbvia, uma vez forjado o adulto, a criança que o precedeu fica no passado memorial do indivíduo. Ao contrário da criança, o adulto é alguém autônomo, independente, capaz de escolher, por sua própria deliberação, sua carreira, suas roupas, seu estilo de vida e seu parceiro.

Espera-se, novamente por uma questão intuitiva, que a sociedade tenha adultos em proporção adequada para cuidar de suas crianças, para educá-las, prepará-las "para a vida"; para transformar seus adolescentes em cidadãos conscienciosos e trabalhadores eficazes; e, claro, para se responsabilizarem pelo desenvolvimento de suas instituições. Essa é a visão comum e, por algum tempo, foi assim que as coisas funcionaram.

5.1 Infantilização generalizada

No entanto, tese contrária foi recentemente defendida pelo professor e jornalista inglês Michael Bywater, em seu *Big Babies* (Bebezões) – livro publicado na Inglaterra. Nele, o autor recoloca em pauta uma velha, e aparentemente banal, pergunta: afinal, o que é ser adulto? Para ele, assistimos hoje a um fenômeno inverso ao processo, acima descrito, de desenvolvimento de crianças em adultos: agora o que vemos, generalizadamente, são adultos se tornando crianças.

Para justificar seu argumento, Bywater menciona que o sintoma mais característico dessa inversão é a tutela excessiva exercida sobre os adultos: desde a escolha de uma camisa, passando pela casa onde vai morar, o emprego que vai ter, a marca e o tamanho do carro a comprar, até a escolha do parceiro amoroso. Agora, o adulto depende de conselhos e recomendações de alguém que não ele próprio: de um consultor de moda, de um agente imobiliário, da mídia em geral, de conselheiros amorosos ou sexuais, de um *coach*, de um mentor e assim por diante. Para Bywater, somos cada vez mais dependentes das recomendações ou conselhos vindos de entidades abstratas, das quais o mercado é certamente a mais emblemática.

O autor ainda vai mais longe na sua tese da infantilização. Diz que somos tutelados não porque sejamos forçados a isso, mas o contrário: desejamos ser tutelados. As razões são por ele apresentadas: a contrapartida da tutela, para o indivíduo, é o conforto, o mimo e a bajulação. Bywater cita o exemplo da propaganda: na era da "satisfação total do cliente", que sempre tem a razão – uma reclamação sua gera, normalmente, uma reação imediata nos departamentos de *marketing* das empresas. O objetivo, claro, é eliminar ruídos de insatisfação que possam gerar queda nas vendas (paralelo: você já viu o que acontece com uma criança contrariada?).

Quem entrar hoje em um *shopping center* vai entender isso na prática: sorrisos sem comedida de atendentes; máquinas falantes; visual atrativo, com muita decoração, cores chamativas; descontos especiais "para você"; enfim, um *shopping* é um ambiente altamente infantil que lembra as saudosas casas de boneca da infância.

Mas, se ainda assim sentir-se mal atendido, o cliente logo passa a reclamar: do carro que o manobrista delonga em entregar, das filas, da falta de atenção do(a) funcionário(a) do caixa etc.

E as reações são claras: cara fechada; pedidos para falar com o gerente; grosseria com os funcionários – o adulto insatisfeito, nessas circunstâncias, interpreta a situação como um absurdo. Pois bem. O efeito do mimo do mercado em relação ao cliente é paradoxal: ao mesmo tempo em que gera fidelidade, aumenta exponencialmente as chances de revolta, birra e reclamações. Mas as vantagens da infantilização são igualmente grandes: é melhor agirem como crianças, pois assim compram por compulsão. Seria pouco provável que comprássemos tudo o que compramos se parássemos para pensar bem, ou seja, se analisássemos detidamente o que realmente necessitamos.

5.2 O que é ser adulto

A tese de Bywater é persuasiva, apesar de, em alguns momentos, resvalar em exageros. No entanto, parece acertar no alvo: identifica um fenômeno massivo de inversão de fases de desenvolvimento que torna difícil responder, com tranquilidade, à questão sobre o que é ser adulto nesses tempos harrypotterianos.

Para se ter uma ideia melhor da referida inversão, apresentamos quatro visões até então influentes sobre o que é ser adulto. A primeira vem da história: na Idade Média, a criança não tinha estatuto próprio, sendo socialmente vista como um adulto em miniatura. Isso era expresso na arte da época, como mostrado na figura a seguir.

Assim, exigiam-se da criança comportamentos iguais aos do adulto, em um fenômeno que poderíamos chamar de "adultização da criança". Foi só a partir do século XVII que a criança começou a ser vista com características próprias, com um mundo à parte, diferente do mundo adulto no qual deveria se inserir com o tempo.

Figura 1 – *Madonna dagli occhi grossi*

Fonte: Maestro di Tressa, c. 1260, Museo dell' Opera del Duomo, Siena.
<www.poderesantapia.com/arte/arte/sieneseschool.htm>

A segunda visão vem da filosofia. Ser adulto – na influente visão do Iluminismo, corrente filosófica iniciada com o filósofo René Descartes e completada por Emmanuel Kant – é desenvolver o intelecto, fazendo-o chegar à maturidade – tangibilizado pelo desenvolvimento do discernimento, da autonomia de ideias, da capacidade de decisão própria e de se responsabilizar por elas. O indivíduo idealizado pelo Iluminismo era alguém consciente de seus pensamentos e responsável por suas ações. Dessa forma, o homem adulto poderia ser entendido como sinônimo do homem que ousa pensar.

A terceira visão vem de uma tradição sociológica específica. Para o influente sociólogo Norbert Elias, por exemplo, o homem moderno surge graças ao processo por ele denominado de civilizacional. Embora Elias não se interrogue especificamente sobre o que é ser adulto, ele empreende um brilhante estudo no qual mostra que as antigas "classes bárbaras", pessoas "sem modos" foram pouco a pouco se convertendo em classes civilizadas, hábeis à mesa, no uso de garfo e faca, e no domínio de comportamentos públicos. Ser adulto, nesse caso, é ser capaz de dominar determinada etiqueta social.

E a quarta visão vem da psicanálise. Sigmund Freud foi um dos primeiros pensadores a mergulhar fundo na vida mental do adulto, vendo-a como reflexo – ou continuidade, sob outra perspectiva – da vida infantil, repleta de conflitos e dilemas não resolvidos. Em uma interpretação ampla da visão freudiana, poderíamos dizer que o adulto é alguém capaz de responsabilizar-se por seus próprios desejos. Alternativamente, o adulto é alguém capaz de superar a onipotência infantil, de acordo com a qual o mundo (e as pessoas nele inseridas) estaria aí a nosso inteiro serviço, pronto a satisfazer todas as nossas necessidades e a minimizar todas as nossas frustrações. O adulto seria então reflexo da quantidade de frustrações que, em vez de levá-lo ao desalento, o confrontaram com suas próprias limitações e o fizeram crescer.

5.3 Negação geracional

Cada uma das quatro visões anteriores sobre o que é ser adulto vem sendo fortemente subvertida na atualidade, e aqui novamente a tese de Bywater precisa ser retomada. De fato, o sintoma social de infantilização do adulto mostra que existe hoje, em grande parte de nossas sociedades civilizadas, uma espécie de negação geracional: os pais, os adultos, enfim, as figuras de autoridade (portanto, pessoas crescidas), estão abdicando de seu papel. Mas por que, afinal, essa negação ao amadurecimento? A seguir traçamos algumas hipóteses, tomando ainda o cuidado, ao final, de aproximar essas questões do terreno das empresas.

Antes de tudo, há uma tendência de o amadurecimento ser hoje mal visto. Costuma-se afirmar que a sociedade atual enfatiza o desejo pela eterna juventude. Isso ocorre principalmente pelo fato de nossa identidade estar ancorada no corpo. Assim, o ápice do sentido de nossa vida coincidiria com o ápice de nosso corpo. Contra a visão iluminista do desenvolvimento da consciência, hoje o foco está na consciência do corpo, ou no corpo como nova representação da consciência.

Dessa forma, a maturidade é vista como o início da decadência, por ter como critério o corpo biológico. Nesse mito, a pessoa madura é vista como entrave à novidade, pois possui "mania" e tendência de ser resistente às mudanças. Essa redução ao corpo, que não leva em consideração o amplo escopo do que é ser humano (pensar, sentir, agir etc.), transforma a maturidade em uma fase que se deve evitar ao máximo. E, para isso, nada melhor do que fazer de tudo para que a infância e a imaturidade da adolescência se prolonguem indefinidamente.

Outro exemplo dessa mesma negação geracional são os pais que temem se impor aos filhos, pelo medo de represálias: preferem então igualar-se a eles, vestindo as mesmas roupas, compartilhando opiniões e valores, assistindo aos mesmos programas, namorando amigos(as) dos filhos, e assim por diante. Podemos, por fim, mencionar a tendência de as pessoas não suportarem discussões de assuntos considerados chatos, como política ou mesmo teoria – ironicamente chamada por algumas pessoas de distante da prática. Crianças em geral não discutem: simplesmente querem que as coisas aconteçam de acordo com seus desejos.

5.4 O fenômeno nas empresas

Por fim, oferecemos uma reflexão sobre a presença dos *big babies* nas empresas. Por mais surpreendente que isso seja, a tese da infantilização vale também para o mundo corporativo: se o funcionário não estiver satisfeito, se não estiver identificado com a empresa, não haverá produtividade. Como resposta, os departamentos de RH empreendem muitas vezes um gigantesco ritual de agrado, tutela e cooptação dos funcionários, tratando-os, no fundo, como verdadeiros bebês crescidos. Em troca deixam subentendido o pedido de lealdade e amor.

Adicionalmente, os livros de autoajuda corporativos e aqueles que relatam a vida e a obra de "executivos de sucesso" reforçam a infantilização dos adultos. Quase sempre, em seu título – ao iniciarem com um "Como..." ou ao possuírem as palavras "vencer", "respostas", "segredo" e "sucesso" –, pressupõem um público que deve ser pego pela mão e a quem se deve mostrar as coisas a serem feitas e o modo como fazê-las, exatamente como fazemos com os nossos filhos pequenos.

O estilo e a estrutura desses livros utilizam um arquétipo muito parecido aos conselhos que um pai repassa aos seus filhos. A própria ideia da necessidade de buscar um grande líder empresarial, alimentada pela administração por meio de cursos, livros e da imprensa especializada, pode ser uma fonte infantilizadora por considerar que sempre devemos precisar de um "grande pai".

Para completar, temos dúvidas se as pessoas vêm à empresa inteiramente maduras tal como sugerimos ao iniciar nossa explanação. Talvez a distância entre o adolescente rebelde e o executivo "maduro" não seja tão grande quanto se possa imaginar. Exemplo disso é a obsessão recente pelos chamados códigos de ética ou de boa conduta.

Apesar de serem instrumentos importantes para a gestão, esses códigos pressupõem que um adulto, membro de uma organização, não possui capacidade suficiente para saber discernir o que é certo ou errado fazer. Ora, a fase de desenvolvimento humano em que aprendemos o que é aceitável ou não socialmente é na infância, e aprendemos geralmente por meio de exemplos e punições. Portanto, o código de ética, apesar das boas intenções da organização, pode ser uma fonte de infantilização por desconsiderar a autonomia de seu funcionário, dizendo a ele como deve se comportar.

5.5 O futuro

Freud, em um de seus textos sobre a origem da civilização, diz que ela começa com a "morte do pai", ou seja, só podemos nos tornar alguém (leia-se, adultos) quando ultrapassamos nossos modelos de autoridade e passamos, nós próprios, a discutir quais princípios seguir. Ampliando essa metáfora freudiana, hoje parece que se quer a volta do pai – claro que não do tradicional (autoritário, dono da verdade; na empresa, do líder-patrão), mas de substitutos para ele – por exemplo, nas drogas lícitas e ilícitas, no consumo, em revitalizações de misticismos religiosos, ou na idealização de líderes empresariais.

Com tudo isso fica a sensação de que o sujeito moderno, consciente de seus pensamentos e responsável por suas ações, está com os dias contados. Isso significa que a razão e a capacidade crítica não são o que de melhor nos definiriam hoje. Por sua vez, a inversão que discutimos aqui parece ter ido bem longe: se na Idade Média a prerrogativa da vida adulta era estendida à criança, hoje é o mundo infantil que parece se alastrar até o mundo dos adultos, diminuindo-o.

Como podemos lidar com isso tudo, de modo que as organizações não venham a se transformar, aos poucos, na lendária Terra do Nunca – tal como ilustrada pela conhecida história de Peter Pan? Bem, vamos fazer aqui a nossa parte, não vamos elencar possíveis soluções para a(o) leitor(a). Afinal, estamos escrevendo para adultos, e um adulto pensa e decide por si, certo? Então, está lançado o desafio.

Capítulo 6

A importância de mentir[8]
Coautoria de Pedro F. Bendassolli

Tente imaginar um mundo onde todas as pessoas dizem exclusivamente a verdade. Na primeira oportunidade, teríamos que dizer para aquele colega de trabalho que não gostamos de sua companhia. Andando pelo corredor, teríamos que comentar ao chefe que não o achamos tão inteligente quanto ele pensa ou, ainda, quando chegarmos em casa, contar para a esposa que nos sentimos atraídos pela colega de trabalho.

Podemos ter uma noção das adversidades dessa situação no filme *O mentiroso* (1996), de Tom Shadyac, estrelado por Jim Carrey. Fletcher Reede, personagem de Carrey, é um advogado que utiliza a mentira como seu instrumento de trabalho, nos relacionamentos sociais e familiares. Seu filho, no dia de seu aniversário, faz o pedido para que seu pai fale somente a verdade por 24 horas. A confusão na vida de Tom se inicia quando tal pedido é atendido, sendo obrigado, contra sua vontade, a falar a verdade nos tribunais, com seus colegas e em casa.

---

8   Publicado na *GV-Executivo*. vol. 7, n. 3, 2008, pp. 32-36.

O filme mostra um importante dilema: não devemos mentir – como ensinaram nossos pais –, mas falar a verdade sempre pode nos colocar em situações embaraçosas ou até prejudiciais.

6.1 Dizer a verdade

Esse é o mote de um dos temas mais mal compreendidos quando se trata de ética nas organizações e de carreira: a mentira é condenável; mas a não mentira em algumas situações pode ser destrutiva. E quando pensamos em mentira sempre nos vem à mente o tema da verdade.

Pelo menos desde Sócrates o conceito de verdade é discutido entre pensadores e religiosos. A famosa *Alegoria da caverna*, de Platão, é a explicação de sua teoria do conhecimento que relaciona verdade com a essência. Essa essência é contraposta à aparência – ou seja, a tudo aquilo que pode conter um elemento de ilusão, erro ou superficialidade.

Na religião, os fiéis acreditam na verdade relevada. Quer dizer, ela não é fruto da razão humana, mas do que Deus ou os deuses mostram (revelam) aos humanos. Tanto na tradição filosófica quanto na religiosa, a discussão sobre a mentira foi sempre acompanhada da discussão sobre a verdade.

Porém, a mentira não significa exatamente o contrário da verdade. Enquanto a verdade pertence ao campo da epistemologia – área da filosofia que busca garantir que o conhecimento reflita a realidade – a mentira está relacionada com a falta de integridade ou coerência dos fatos. Nesse âmbito, verdade significa apenas relatar os fatos como eles são, e mentir significa omitir ou distorcer tais fatos.

6.2 Mentira e vida cotidiana

Entretanto, a mentira possui um papel importante na realidade social. Excetuando os casos em que possui uma intenção destrutiva ou seu resultado prejudique alguém, ela não tem uma conotação moral, em si mesma, quando tratamos de aspectos corriqueiros da vida cotidiana e organizacional.

Isso é o que afirma Edgar Schein em seu artigo Learning When and How to Lie, publicado na revista *Human Relations* (2004). O autor firma que a mentira, de certa forma, é um dos pilares da construção social e da sociabilidade quando, por exemplo, agimos de forma gentil e com recato com quem não gostamos, ou seguimos as normas das boas maneiras em momentos que não desejaríamos fazê-lo.

O processo de aculturação e socialização faz com que aprendamos o que se deve ou não fazer e dizer em uma variedade de situações. Aprendemos quando podemos ser sinceros e quando devemos ser convenientes – e isso não com o propósito de enganar, mas de não constranger a outra pessoa, e de sermos aceitos em determinado grupo. Dessa forma, aprender a mentir ou criar uma versão da verdade – ao omitir algumas partes da verdade – é fundamental para a manutenção da ordem social, e os que violam essa regra social são vistos como dedo-duro, pessoas sem tato, insensíveis, inconvenientes, rudes ou até arrogantes.

Em outras palavras, nem sempre falarmos a verdade ou agirmos de forma verdadeira possui consequências benéficas para o conjunto da sociedade. Muito do que entendemos como sociedade foi, e é, construído com base na hipocrisia, no autoengano e na manutenção de ilusões.

6.3 Lealdade grupal

Em geral, membros de um pequeno grupo identificam-se uns com os outros. Como consequência, prezam muito mais a lealdade ao código de conduta em vigor no grupo do que a obediência a princípios morais de natureza formal. Prova disso é que várias regras (formais) estipuladas pelo RH da empresa são distorcidas, retaliadas ou simplesmente ignoradas por grupos nas diversas áreas da organização.

Na prática, a moralidade se origina da relação de confiança recíproca entre laços de amizade ou companheirismo nos pequenos grupos. Comportar-se moralmente, portanto, seria fazer o que naturalmente se faz no relacionamento com nossos familiares, ou com os nossos semelhantes nos pequenos grupos. A reciprocidade se estabelece pelo respeito e confiança em nós investidos. Esse mecanismo pode criar uma tal coesão do grupo que qualquer opinião divergente será imediatamente rechaçada.

Aqui entra novamente o trabalho de Schein. Ele procura examinar os vários tipos de socialização que uma pessoa experimenta em uma carreira organizacional e as normas aprendidas sobre a gestão da informação nas diferentes funções desempenhadas. O autor afirma que há regras diferentes e específicas para cada grupo ocupacional (como *marketing*, engenharia, medicina etc.); e sutilezas acerca das distinções entre o que é verdade nessas diferentes ocupações.

Somos socializados em cada um desses grupos, onde aprendemos o "idioma" ou "vocabulário" daquela ocupação e as normas que devem ser aplicadas sobre o que é moral ou imoral fazer, o que é apropriado mentir, dizer de forma honesta ou o que é apropriado distorcer. Mentir ou dizer a verdade depende muito mais de uma espécie de conformidade a regras informais do que da defesa de princípios éticos universalmente aceitos.

6.4 Verdade conformista

Em um certo sentido, a verdade é, portanto, conformista. Cada pessoa que participa de grupos, sejam primários (família, amigos) ou secundários (presentes nas instituições), vive certamente às voltas com o imperativo de ser igual para ser aceito e de preservar algum espaço para sua individualidade. Em muitos casos, essa situação levanta conflitos internos importantes, como quando temos de mentir (portanto, trair crenças genuinamente pessoais) para perpetuar uma crença do grupo.

Adicionalmente, um grupo muito coeso, no qual se criam verdades e mentiras que devem ser vigiadas e repassadas por seus membros, é também um espaço perigoso. Excesso de coesão leva ao que os psicólogos sociais chamam de "pensamento grupal" – quando os membros do grupo não veem mais nada, exceto si mesmos. Tornam-se assim rígidos e, no limite, xenófobos – e o "de fora" pode ser a equipe do departamento ao lado.

Por fim, podemos especular que as pessoas que sobem ao topo de suas organizações são aquelas moralmente mais flexíveis ou relativistas – no sentido de que precisam transitar por diversos grupos e se adaptar a subculturas, verdades e mentiras. Como diz Schein no artigo mencionado, líderes são pessoas que percebem e sabem lidar com a complexidade do espaço moral. Iremos um pouco mais longe: em nossa visão, líderes são pessoas capazes de criar verdades e de impô-las (simbólica ou agressivamente) às outras. Por essa razão, dependem do conformismo e da lealdade – em alguns casos quase cega – dos demais.

Capítulo 7

O complexo de Jonas[9]

No filme *Uma lição de amor* (*I Am Sam*, 2001, direção de Jessie Nelson), Sam Dawson, personagem interpretado por Sean Penn, é um limítrofe com idade mental de sete anos. Ele tem uma filha, Lucy Diamond (Dakota Fanning), com uma moradora de rua que havia se aproveitado da condição de Sam para ter um lugar para residir. Ao sair do hospital, após se recuperar do parto, a mãe abandona Lucy e Sam assume toda a responsabilidade de criá-la. Com a ajuda de amigos e vizinhos, Sam é surpreendentemente bem-sucedido até que Lucy atinge os sete anos, sua idade mental. Uma cena particularmente comovente é quando Sam lê para Lucy o único livro que ele consegue, um texto infantil intitulado *I Am Sam* (daí o nome do filme). Sam o lê várias vezes até que Lucy se cansa e pede para o pai ler outro, um que a professora havia dado como dever de casa. Sam tenta lê-lo, mas as palavras são difíceis para ele. Lucy percebe a dificuldade do pai e, para agradá-lo, finge que não sabe a palavra quando seu pai pede ajuda e, por fim, diz que se cansou do texto e pede para que Sam leia novamente o livro anterior. A satisfação do pai ao ler *I Am Sam* era o que importava para Lucy.

---

9   Uma versão deste texto foi publicada na *GV-executivo*, vol. 7, n. 5, 2008, pp. 30-33.

Entretanto, sua professora notou que ela estava se prejudicando de forma bem específica: Lucy não queria ultrapassar o pai em sua inteligência e, para isso, estava negligenciando seus estudos e bloqueando seu aprendizado. O drama se inicia nesse ponto do filme, quando uma assistente social pede a intervenção do Estado para que Lucy seja adotada por uma família na qual ela possa se desenvolver intelectualmente.

O bloqueio da própria potencialidade, como aconteceu com Lucy, é possível de acontecer também com os adultos. É o que a psicologia humanista denomina de "complexo de Jonas". Seu nome alude ao personagem bíblico do Antigo Testamento conhecido por sua rebeldia a uma missão dada por Deus. Segundo a narrativa, o profeta deveria levar ao povo de Nínive a mensagem de que a maldade havia chegado até Deus, mas escolheu fugir para Társis, que naquela época representava literalmente o fim do mundo. Em sua viagem, a embarcação na qual ele estava foi atingida por uma tempestade e os tripulantes jogaram Jonas ao mar por ele ter atribuído a si mesmo a causa da fúria da tempestade. Para não deixá-lo se afogar, Deus enviou um enorme peixe que engoliu Jonas, que permaneceu em suas entranhas por três dias. Após se arrepender da fuga o profeta ora a Deus, que ordena ao peixe para expeli-lo em terra firme. Dessa vez Jonas cumpre sua missão, mas não se satisfaz com seu desdobramento, permanecendo infeliz.

O pioneiro a trabalhar acerca desse tema e ter nomeado o padrão de comportamento como complexo de Jonas foi Abraham Harold Maslow (1908-1970), psicólogo americano conhecido na administração pela sua teoria da hierarquia das necessidades humanas, e mais recentemente, atualizado por Jean-Yves Leloup. Para Maslow, Jonas é o arquétipo da pessoa que possui medo de sua autorrealização, aquele que foge ou não aceita sua vocação.

Como se sabe, sua teoria da hierarquia das necessidades afirma que a necessidade de autorrealização se refere ao desejo de desenvolvimento de nossas potencialidades inerentes, de "sermos o que podemos ser", e que poderá ser almejada apenas quando forem relativamente satisfeitas as outras necessidades, quais sejam: biológicas, segurança, amor e pertencimento, estima, cognitivas, e estéticas. A relação da nossa necessidade de autorrealização e o bem-estar pessoal é expressa em uma de suas famosas frases: "Se você planeja ser qualquer coisa menos do que aquilo que você é capaz, provavelmente você será infeliz todos os dias de sua vida".

O complexo de Jonas se insere nesse ponto. De acordo com a história, apesar da confiança que lhe foi atribuída de que seria capaz de realizar a missão, a decisão de Jonas de fugir revela que ele se sentia incapaz, inseguro, indigno e, de certa forma, buscava o anonimato. De forma mais ampla, considera-se que a pessoa com esse complexo procura sabotar sua autorrealização e, quando isso não for possível, sente-se desconfortável diante de sua capacidade criativa.

Neste caso, "ser menos do que aquilo que se é capaz" não é fruto de uma repressão externa ao indivíduo – como os estudos sobre a burocracia afirmam acerca da capacidade criativa –, e nem resultado de uma adaptação do indivíduo à organização – como asseveram alguns críticos das teorias das organizações –, mas é consequência do próprio indivíduo de se vitimar. Para Leloup, é possível ter pistas sobre as razões desse complexo ao se analisar alguns tipos de medo do homem contemporâneo. A seguir são citados dois.

• O primeiro é o *medo do sucesso* – o autor menciona os trabalhos freudianos nos quais é constatado que o sucesso profissional pode ser fonte de grande ansiedade por estar relacionado com o medo de humilhar os pais ou entes queridos ao ultrapassá-los no âmbito afetivo (ter um casamento melhor que o dos pais, por exemplo), profissional (educação e emprego melhores) ou financeiro (ser mais rico). Isso pode causar sentimento de culpa que bloqueia completamente a ação do indivíduo. Além disso, há outros sentimentos que suscitam o medo do sucesso: o de não ser mais amado pelos entes queridos por tê-los superado; o medo de o sucesso provocar inveja nos outros e, por isso, perder seu afeto; e o sentimento de indignidade ao ter êxito em alguns aspectos da vida, sendo tal sentimento oriundo de julgamentos depreciadores dirigidos ao indivíduo durante sua infância;

• O segundo é o *medo da diferença* – no arquétipo de Jonas, Deus pede que ele seja um profeta, ou seja, que saia de seu anonimato e anuncie Sua palavra. Isso certamente faria com que Jonas se diferenciasse dos outros, de seus irmãos e do restante de sua comunidade. Sua fuga simboliza a recusa de se afirmar como diferente ou, de uma maneira mais ampla, o medo de nos afirmarmos naquilo que temos de próprio. E esse medo é composto pelo medo de sermos rejeitados por aqueles que se tornaram diferentes – especialmente por quem atribuímos certa autoridade – devido a nossa própria diferenciação. Em outras palavras, temos medo do ostracismo, que é a rejeição do grupo do qual pertencemos. Para que esse medo não seja provocado desistimos de nossa independência, inventividade, autenticidade e originalidade, e optamos pelo conformismo.

No ambiente organizacional, o complexo de Jonas – alimentado por esses dois medos – não se manifesta de forma clara. São situações bastante sutis como, por exemplo, quando o indivíduo tem várias ideias durante uma reunião, mas opta por não expô-las por medo de suscitar inveja nos demais; percebe que seu chefe não está sendo suficientemente eficaz, mas por admirá-lo, cala-se por medo de criar qualquer atrito; e não contribui tanto quanto poderia em determinado projeto por medo de se destacar no grupo.

São pessoas que possuem capacidade criativa e de agência normalmente acima da média, mas que se bloqueiam para continuarem anônimos e, com isso, continuarem a serem aceitos pelos demais. Nesse caso, o líder precisaria ter uma sensibilidade especial para identificar tais talentos e fazê-los superar o complexo de Jonas, pelo menos em situações específicas. É uma tarefa difícil, na qual não há formas claras de como atuar. Entretanto, um indício parece ser o reconhecimento sincero do trabalho de pessoas que sabemos ter bom potencial, mas que não conseguem desenvolvê-lo plenamente. Dessa forma, o líder dá sinais fortes para o colaborador de que não há nada a temer, principalmente em relação a sua capacidade.

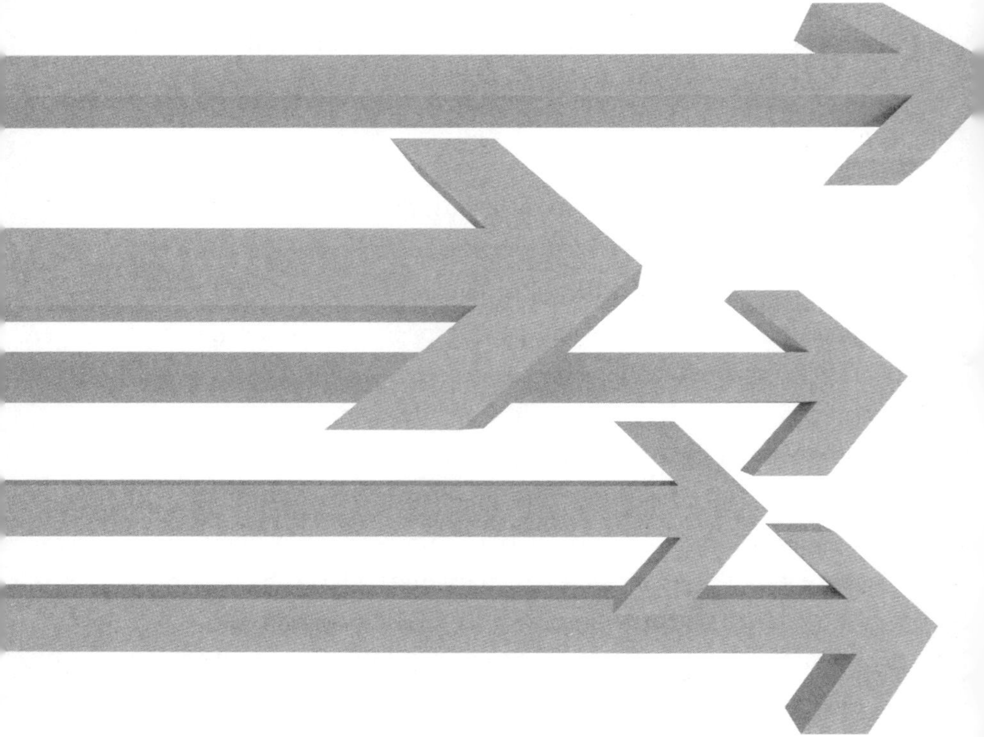

Capítulo 8

O papel da empresa no atual contexto social

O fim último da empresa é gerar lucro para... Para que mesmo? Qual propósito deve ter uma organização econômica? Esse questionamento não é simples de responder, principalmente porque estamos lidando com crenças e valores que perpassam alguns séculos, desde o advento da Modernidade (século XVI ao XX). Se alguém afirmar que a finalidade última de uma empresa é gerar lucro para que seu dono, ao final das contas, acumule capital, ou que ela deve servir para gerar riquezas aos acionistas, diria que tal ideia seria estranha para os nossos antepassados da Idade Média e da Antiguidade. De acordo com os valores daquelas épocas, o fato de se ter um empreendimento representaria certa responsabilidade para que a riqueza gerada servisse para a sobrevivência biológica e autonomização do ser humano em relação à natureza. A ideia da empresa como fonte de obtenção de produtos de luxo era totalmente rechaçada porque se tinha em mente que as necessidades e não os desejos deveriam ser satisfeitos.

Necessidades são limitadas exigências naturais e culturais sem as quais não sobreviveríamos sadiamente nem seríamos membros ativos no funcionamento da sociedade. Os bens e serviços que satisfazem nossas necessidades correspondem a: alimentação, abrigo, vestuário, transporte e alguns serviços elementares de apoio. Os desejos correlacionam-se à aspiração do que não se possui em relação à estrutura de *status*, na tentativa de expressar o nível pessoal.¹⁰ Diferentemente das necessidades, os desejos são ilimitados. Nesse sentido, nunca poderão ser satisfeitos.

Na economia pré-moderna, a unidade produtiva estava imersa na comunidade que a continha, e possuía clara função social, de satisfazer as necessidades da família e, com o excedente, as da sociedade. Nessa época, não havia pessoas que passassem fome, a não ser em casos de pragas que dizimavam colheitas inteiras e que, dessa forma, comprometiam toda uma comunidade. A figura do faminto em meio a uma sociedade abundante é uma criação moderna.

E é na Modernidade que há uma mudança significativa no papel da empresa. O indivíduo, que em outras épocas se subordinara à comunidade como um ser existencial, surge como princípio e valor, estabelecendo para si o critério da organização da sociedade. Nesse contexto, o empreendimento é visto não mais como detentor de uma função social, mas de uma função em cujo centro está o indivíduo, com suas necessidades e, principalmente, seus desejos. A produção, por sua vez, se voltara totalmente para o mercado, e será ele, daqui por diante, que escreverá as regras do jogo da vida. O preceito continua o mesmo até os dias de hoje: satisfazer as necessidades das pessoas, que em nosso tempo se chamam clientes ou consumidores.

---

10   Essa diferenciação devo a Alberto Guerreiro Ramos (*A nova ciência das organizações*. Rio de Janeiro: Editora da FGV, 1989) e Kenneth Lux (*O erro de Adam Smith*. São Paulo: Nobel, 1993).

Contudo, o significado é totalmente modificado. Não se buscam as necessidades, que são limitadas, mas os desejos, qualitativamente ilimitados.

O entendimento desse aspecto da economia é importante para que a responsabilidade social das empresas seja discutida com seriedade. A esperança é de que esse tema resgate a dimensão esquecida dos empreendimentos econômicos: a função efetivamente social. E social não no sentido de caridade, mas de "responsabilidade ampliada" de suas relações. O termo responsabilidade surge como conceito em 1787, nas línguas inglesa e francesa, cujo significado atual é "possibilidade de prever os efeitos do próprio comportamento e de corrigi-lo com base em tal previsão". Assim, a responsabilidade social das empresas exige a ampliação dos interesses organizacionais para além da esfera econômica, incluindo em suas estratégias preocupações com o bem-estar de todos os afetados por suas ações. Com isso, responsabilidade social vai além de meros projetos: é um estilo de vida e de ação administrativa.

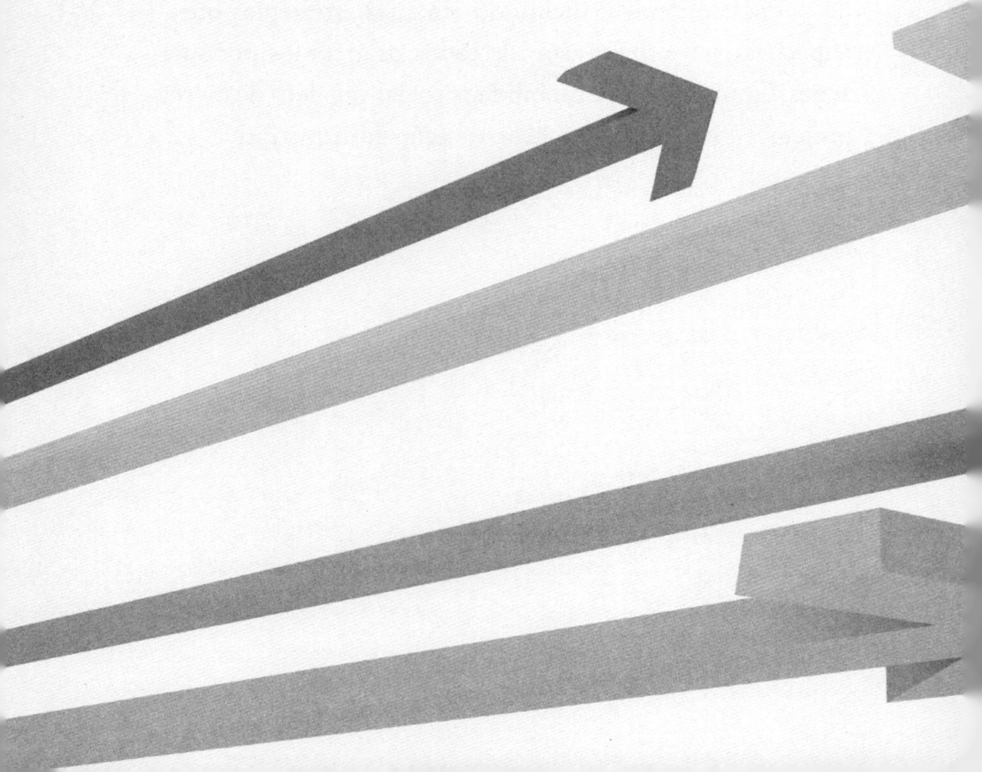

Capítulo 9

Responsabilidade social nas empresas: de Friedman à coprodução[11]

Coautoria de Janice Mileni Bogo

Correntes de pensamento e propostas de prática que buscam ampliar o papel da empresa em suas relações com o ambiente social não são recentes. O clássico de Friedrich Engels, *A situação da classe trabalhadora na Inglaterra,* de 1845, já criticava as consequências sociais e políticas do modo de produção que estava se consolidando na Inglaterra. Ao longo do tempo, o significado do termo responsabilidade social sofreu modificações e suscitou inúmeras controvérsias.

Uma delas e talvez a mais conhecida foi incitada pelo artigo escrito em 1970 por Milton Friedman, *The Social Responsability of Business is to Increase its Profits,* segundo o qual a função da Responsabilidade Social das Empresas (RSE) é gerar lucro dentro das regras do jogo. Toda e qualquer ação de cunho social seria tirar o dinheiro de alguém – seja dos acionistas, na forma de dividendos mais baixos, seja dos empregados, na forma de salários menores, seja do consumidor, na forma de preços mais altos. O posicionamento de Friedman gerou na época tanto reações a favor quanto contra.

---

11 Publicado na *GV-Executivo*, vol. 9, n. 1, 2010, pp. 26-29.

Um dos argumentos críticos a tal ideia é de que o contrato social que constitui a base sobre a qual se construiu o sistema da livre empresa mudou e que, atualmente, as responsabilidades são muito mais amplas. Em 1976, Friedman recebeu o Prêmio Nobel de Economia "por suas realizações nos campos de análise de consumo, história e teoria monetária e por sua demonstração da complexidade da política de estabilização".

A partir dos anos 1980 ganhou força o entendimento de que RSE exige um comportamento consciente e coerente com princípios éticos. Dessa forma, a ética passa a ser compreendida como o melhor tipo de autorregulação. No decorrer dos anos 1990 surge a noção de grupos de interesse ou *stakeholders*, e a empresa passa a ser entendida como a expressão de interesses e de relações, bem como a catalisadora desses interesses, promovendo transparência e harmonia com valores éticos e capacidades humanas. Outras ideias recentes incluem: as de Peter Drucker, que propõe que a RSE deve estar integrada à estratégia empresarial; de Charles Fombrum, que juntamente com uma iniciativa do *Financial Times*, estimula a promoção da reputação da empresa por meio da publicação de relatórios anuais que incluíssem questões sociais; a ideia do *capitalismo inclusivo* de C.K. Prahalad e S.L. Hart para o desenvolvimento de produtos e serviços para os setores menos favorecidos; e, Michael Porter e Mark R. Kramer introduzem a ideia de vínculo entre vantagem competitiva e responsabilidade social. Tais avanços podem ser interpretados como fortes indícios de que a RSE está mais amadurecida e com mecanismos de suporte a práticas consistentes.

Os debates atuais se concentram na compreensão de que a responsabilidade social é uma *responsabilidade ampliada*, por incluir uma normatividade não obrigatória (ao estilo de que é correto fazer isso, mas não um dever) nas dimensões em que as empresas atuam: a econômica, a social e a ambiental. Além disso, há o relacionamento transparente e a consideração dos interesses dos *stakeholders* gerenciando estrategicamente esses componentes. Estabeleceu-se um amplo entendimento no sentido de que, como ator social excepcionalmente poderoso e influente, a empresa poderia escolher não apenas se autodisciplinar, mas se colocar formalmente a serviço do bem público, para atuar nas limitações do Estado.

Entre as razões que justificam as iniciativas de RSE estão a retribuição, a contribuição e a corresponsabilidade. A retribuição consiste na devolução das facilidades que a sociedade concedeu à organização para seu desenvolvimento, bem como nas perspectivas que coloca a seu serviço para que assegurem seu futuro. A contribuição das empresas está na superação de deficiências, desajustes e desequilíbrios que existem nas suas áreas de atuação, atentando-se aos efeitos e impactos de suas operações, nos contextos mais amplos.

Nessa perspectiva, a corresponsabilidade é a possibilidade das empresas de somar esforços com as entidades com as quais compartilha um mesmo espaço geográfico e um mesmo tempo histórico, tais como o Estado, associações, ONGs e outras formas de organização civil. Como o Estado apresenta limitações no atendimento a todos os bens e serviços públicos demandados pela sociedade, as empresas podem atuar conjuntamente na busca de soluções para aqueles problemas e atender às necessidades que elas têm condições de realizar. Da mesma forma, estabelecer parcerias ou apoiar organizações do terceiro setor na abordagem de determinadas ações sociais são outras ações que poderiam ser levadas a cabo.

Essas propostas e ideias podem ser condensadas em uma categoria especial, denominada *coprodução do serviço público*. Ela diz respeito à participação direta e ativa da sociedade civil organizada, Estado e organizações econômicas nos processos de elaboração, implementação, controle e avaliação dos serviços públicos. Por meio de participação e colaboração desses diferentes atores, podem-se definir as prioridades para as políticas públicas e colocar a democracia como critério real de desenvolvimento dos serviços públicos. As empresas, ao proporem ações de RSE nessa perspectiva, estarão ampliando suas dimensões de atuação, na qual uma é pouco comentada no contexto da RSE: a *dimensão política* (em sentido amplo). Em outras palavras, as empresas que atuam em forma de coprodução estarão contribuindo para a mudança e melhoria da qualidade dos serviços públicos.

O termo coprodução foi originalmente criado nos anos 1970 por Elinor Ostrom, professora da Universidade de Indiana e ganhadora – com Oliver Williamson – do Prêmio Nobel de Economia de 2009. Entre outras coisas, Ostrom defendeu que em alguns casos a propriedade comum pode ser bem gerenciada quando pessoas estabelecem regras que as permitem conviver em harmonia entre si e com seu ambiente natural, independente de regulação por autoridades centrais ou privadas.

Mais de 30 anos separam os dois ganhadores do Prêmio de Ciências Econômicas de 1976 e 2009. E essa distância temporal também representa uma distância de abordagem e entendimento acerca do papel da RSE. Enquanto a abordagem de Friedman delimita a atuação das empresas ao aspecto exclusivamente privado, a de Ostrom nos inspira a considerar o aspecto ambiental e político. E essa compreensão transcende o ambiente interno das organizações. Como explica Klaus Schwab – fundador e executivo chefe do Fórum Econômico Mundial – com seu artigo *Global Corporate Citizenship*, as corporações globais não têm somente uma licença para operar, mas também o dever civil de contribuir com a sustentabilidade do bem-estar no mundo em cooperação com governos e sociedade civil. Isso pode incluir, entre outros, mudanças climáticas, corrupção, educação, pobreza, e disponibilidade de água potável. Desafios que a proposta de coprodução poderá ajudar a encontrar alguns caminhos de superação.

Capítulo 10

O tao da eficácia[12]

Desde Max Weber (1862-1920) sabemos que a religião, como elemento cultural, é capaz de influenciar as motivações, critérios de tomada de decisão, formas de comportamento no trabalho e de consumo. Afinal, foi a partir de uma seita protestante surgida no século XVI que o mundo conheceu o "espírito do capitalismo", mudando a dinâmica organizacional com o trabalho metódico e a busca da eficiência, o que influenciou de forma decisiva e definitiva o vetor concorrencial entre as empresas capitalistas. Entre o final do século XIX e início do XX, Frederick W. Taylor (1856-1915) publica trabalhos nos quais defende uma nova abordagem para os processos industriais, baseada na cientificidade como forma de atingir uma maior produtividade e desempenho. Historiadores da administração especulam que algumas das ideias e métodos de Taylor foram inspirados em valores e crenças do grupo protestante *quaker* – surgido no século XVII, cujo nome oficial

---

12 Publicado na revista *Next Brasil: Instrumentos para a inovação*, vol. 7, 2009, pp. 110-117.

é Sociedade Religiosa dos Amigos –, ao qual pertencia sua família.

O que vem à tona é a constatação de que um sistema de pensamentos e crenças, como a religião, pode influenciar em maior ou menor grau os sistemas econômicos e sociais, como as organizações, bem como o nosso vocabulário, que usamos para interpretar e compreender o mundo. Durante mais de 250 anos – desde a Primeira Revolução Industrial e mais do que nunca no século XX – aperfeiçoamos a linguagem administrativa para entendermos e prescrevermos normas, regras e processos com o objetivo primaz de fazer com que as organizações sobrevivam. E esse aperfeiçoamento caminhou nas trilhas da racionalidade, tal como a entendemos no Ocidente: adequação dos meios aos fins.

Entretanto, parece que nessa linguagem há impasses que, em um primeiro momento, aparentam ser insolúveis. Um desses casos é a eficácia organizacional, um dos termos centrais da gestão empresarial e da teoria das organizações. E para tentar solucionar esse impasse, que será explicado a seguir, podemos lançar mão de ideias provenientes de outras áreas e esferas do conhecimento no intuito de buscar intuições e imagens que nos auxiliem a encontrar alternativas.

É o que fazem dois proeminentes pesquisadores portugueses em administração, Miguel Pina e Cunha (Universidade Nova de Lisboa) e Arménio Rego (Universidade de Aveiro), no artigo *Uma abordagem taoísta da eficácia organizacional*. Os autores recorrem à filosofia chinesa *taoísta* com o intuito de buscar pistas para a resolução das controvérsias quanto ao conceito e formas de medição da eficácia organizacional. Eles fazem uma breve digressão histórica e constatam que o termo não era abordado pela academia até meados da década de 1960. Nessa época algumas pesquisas começaram a apontar que certas estruturas organizacionais são mais adequadas do que outras para determinadas tarefas. Além do interesse teórico, a eficácia organizacional também despertou interesse na prática gerencial, de modo mais intenso. Isso devido à escalada em âmbito global da competição e da decorrente necessidade do aperfeiçoamento da competitividade e produtividade para a sobrevivência das organizações. E isso levou à busca de medidas de desempenho para que se pudesse distinguir mais facilmente empresas de baixa e alta eficácia, bem como identificar quais melhoramentos poderiam ser implementados para o aumento da eficácia de acordo com tal medição.

Mas após uma revisão bibliográfica no decorrer das décadas seguintes até a atual, os autores verificaram algo perturbador: há pouco consenso sobre a definição de eficácia organizacional e os critérios para medi-la. Sabemos que todas as organizações devem ser eficazes, mas no fim das contas não sabemos exatamente o que é isso nem como agir para consegui-lo, guiados objetivamente por instrumentos imprecisos de medição. Entre as razões para essa "desordem conceitual", podem ser citadas: o caráter multidimensional da eficácia; a impossibilidade de se obter uma medida inequivocamente adequada; a não correlação entre as medidas existentes; e as diferentes perspectivas acerca da avaliação da eficácia requeridas pelos diferentes tipos de *stakeholders*. Um caso exemplar, citado pelos autores, da dificuldade por que passa tal conceitualização é a obra de

Peters e Waterman, *In Search of Excellence* (publicado no Brasil com o título *Vencendo a crise*). Muitas das empresas apresentadas como excelentes em desempenho não poderiam ser classificadas dessa forma pouco tempo depois. Os pesquisadores portugueses prosseguem criando uma tipologia de eficácia organizacional e, como ponto de partida, propõem definir eficácia como o grau em que uma organização alcança seus objetivos. Dessa forma, uma organização eficaz é aquela que faz as coisas certas, o que é distinto da definição de eficiência, que corresponde à razão entre *input* e *output*. Assim, uma organização é mais eficiente na medida em que realiza seus objetivos com a menor quantidade de recursos. A tipologia é constituída de cinco modelos de eficácia organizacional: tradicional (foco nos objetivos), sistêmico (foco nos meios para atingir os objetivos), dos constituintes (inclusão das expectativas dos *stakeholders*), dos valores contrastantes (avaliação em três dimensões: interno-externo, controle-flexibilidade, meios-fins), e de ineficácia (foco nos fatores que inibem o desempenho). Certamente, tais modelos são bastante úteis para a compreensão da eficácia organizacional, mas nenhum contempla seu significado total.

Apesar de toda complexidade acerca dessa temática, há na literatura alguns consensos, como: a eficácia é o objetivo final de todas as teorias da organização; há várias representações da eficácia; é impossível obter os melhores critérios de eficácia; a validade de um modelo depende das circunstâncias; deve-se recorrer a vários critérios e indicadores para a medição da eficácia. Entretanto, esses consensos não são suficientes para que seja superado o conjunto de dificuldades, ambiguidades e contradições que cercam o tema. Uma saída possível para o impasse é a adoção de uma nova abordagem que propicie novas formas de compreensão do fenômeno. Os autores apresentam, então, a abordagem dialética da eficácia propiciada pela adoção da filosofia chinesa taoísta.

O taoísmo surgiu na China antiga e pode ser caracterizado de modo bem simplificado como um sistema de pensamento baseado na obra *Tao te Ching* (*Dao de Jing*, pela moderna grafia chinesa), atribuída a Lao-Tsé (Lao Zi), que, entre outras, defende a ideia de que cada ação ou fenômeno é gerador de seu oposto. O *tao* é um campo unificado de forças de desenvolvimento, ou, dito de outra forma, é o universo criador que tudo contém e que não pode ser expresso de forma lógica ou analítica. Lao-Tsé escreveu seus pensamentos de forma paradoxal, marcados por várias contradições, para explicar modelos e ciclos de vida, sendo que o mais interessante, para os pesquisadores portugueses, é o modelo de polaridade.

Tal modelo ajuda a compreender que fenômenos duais aparentemente contraditórios – como o positivo e o negativo, noite e dia, vida e morte – fazem parte, na verdade, de uma unicidade. Da tensão entre os opostos é que surge o fluxo da natureza, que de maneira geral é representada pelos opostos primordiais *yin* e *yang*, base de toda mudança e símbolo de como as energias opostas, que são na realidade complementares, interagem. *Yin* e *yang* são simétricos e, enquanto o primeiro representa o "escuro, feminino, maternal, Terra, debaixo do céu, em repouso, mente complexa e intuitiva", o segundo significa o "forte, masculino, céu, acima da Terra, pleno de desenvolvimento, mente racional e clara".

Essa interação entre polos opostos, segundo os autores:

> *Revela também como a acumulação de uma das energias reverte um dia o movimento do* tao: *o retorno é o movimento do* tao. *Nesse sentido, tudo o que vive está num processo de se tornar algo diferente.*

Portanto, além da dinamicidade, o movimento do *tao* é rotacional, o que sugere a existência de ciclos contínuos, fazendo com que *yin* e *yang* se revezem sucessivamente. Mais uma característica importante é que em cada força há um ponto de sinal contrário, como é representado no "diagrama do fundamento supremo", no qual o *yin*, parte escura do diagrama, possui um ponto branco e o *yang*, parte clara, possui um ponto escuro. Isso tem um significado fundamental:

> *Em cada força está a semente do seu contrário. Quando uma força atinge seu extremo, dá lugar à outra. Depois de atingir o meio-dia, a luz começa a dar origem à escuridão.*

Mas qual repercussão que tal sistema de pensamento pode ter na compreensão da eficácia organizacional? Segundo os autores, são implicações claras e profundas. Após listarem algumas leituras taoístas possíveis das organizações em geral, buscam em alguns estudiosos de organizações – tais como Karl Weick, Kets de Vries e Gareth Morgan – aproximações de seus estudos com a filosofia oriental ao considerarem que os paradoxos podem ser uma fonte de compreensão da organização e da melhoria da gestão. O caso particular de paradoxo em que os pesquisadores portugueses se concentram é a relação entre eficácia e ineficácia.

Assumindo a abordagem taoísta, as organizações não evoluem para estados progressivos de eficácia mais elevados em um *continuum*, no qual a ineficácia é um estado mais elementar e menos racional. Em vez disso, considera-se que a eficácia e a ineficácia são antes processos iguais do que contrários e irreconciliáveis. Para tornar mais didática a exposição, os autores propõem analisar as duas polaridades possíveis.

A primeira, *eficácia* → *ineficácia*, revela que a eficácia é um estado delicado e transitório, por conter em si mesma as sementes da ineficácia. Eles analisam alguns trabalhos acadêmicos sobre como o processo de inversão é possível e a forma que se desencadeia, tal como o conceito de lógica dominante de Prahalad. Segundo ele, um paradigma organizacional impede que os gestores interpretem a realidade fora do âmbito desse paradigma. Nesse caso, se ele é considerado de excelência, de sucesso, ou parte de um conjunto de melhores práticas, esse paradigma faz com que o enfoque e a aceitação de uma lógica impeçam que sejam aceitas outras ideias possivelmente mais eficazes, porém externas ao paradigma dominante. Ou, ainda, tal lógica paradigmática pode desviar a atenção para ameaças à organização provindas do *status quo*: "a atenção ao centro desvia o olhar da periferia".

Entre as possibilidades explicativas para o movimento de inversão eficácia/ineficácia, os autores destacam as seguintes:

- Os gerentes de organizações eficazes não conseguem ou não querem ler os sinais que prenunciam o fracasso. É nesse sentido que no sucesso está a semente do fracasso;
- Os gestores leem os sinais, mas não são capazes de convencer os membros da organização da necessidade de mudança;
- Muitos gestores ficam seduzidos pelos sucessos passados e desenvolvem uma crença desmedida e irreal em sua capacidade.

Em seguida, os pesquisadores portugueses analisam a segunda polaridade, *ineficácia* → *eficácia*. Esse movimento é mais difícil que o anterior, e o grau de dificuldade é proporcional à perda de eficácia. Destacam que é fundamental o enfoque na criatividade para a possibilidade da inversão, pois pode, por exemplo, estimular a identificação de formas inovadoras de abordagem do mercado, e, consequentemente, de novas estratégias. É o tipo de criatividade que surge geralmente em situações de crise, lembrando que a etimologia da palavra crise remete à ideia de oportunidade. É nesse sentido que uma organização ineficaz pode aproveitar uma crise, seja real ou potencial, para a revitalização de seus sistemas por meio de uma mobilização coletiva facilitada pela apresentação da mudança como urgente e crucial. Como afirmam os autores:

> *A crise pode despertar uma organização até então resignada e originar um processo de recuperação. Não é a crise propriamente dita que gera a oportunidade,*

mas a percepção da oportunidade de mudança trazida pela crise.

As razões da ocorrência da mudança podem ser explicadas pelo curso do *tao* da seguinte maneira: Apenas quando o extremo da ineficácia é atingido, fica claro para os atores organizacionais que é necessário alterar o rumo dos acontecimentos. E quando energias criativas estão presentes no enfrentamento de crises organizacionais é que surge a possibilidade paradoxal da "ineficácia de uma estratégia representar a semente da mudança estratégica e, eventualmente, da ineficácia".

Se levadas a sério, as duas polaridades brevemente descritas implicam que não há um critério universal para a avaliação da eficácia de uma organização, o que leva praticamente à impossibilidade de haver uma boa organização como um estado a ser alcançado e mantido. Em outras palavras, a filosofia taoista – ao rejeitar o dualismo estático e evolutivo entre ineficácia e eficácia – permite que possamos superar a ideia simplista de que a eficácia, embora seja um estágio almejado, não é preponderante à ineficácia.

Entre as sutilezas dessa abordagem, os autores destacam: (a) a eficácia é um estado potencialmente transitório e não uma condição organizacional; (b) os líderes eficazes são aqueles que criam sínteses a partir de tensões paradoxais; (c) para compreender as raízes da eficácia é necessário ter consciência das condições da ineficácia, e vice-versa; (d) tanto o excesso de eficácia quanto o de ineficácia pode ser prejudicial. Os autores concluem que "o trabalho de gestão consiste em integrar e compreender tensões e paradoxos, mais do que simplificar realidades complexas" e, de uma forma desconcertante para os nossos padrões de pensamento, finalizam afirmando que "talvez a eficácia nem sempre seja tão positiva como tendemos a considerá-la; talvez a ineficácia não tenha de ser tão negativa quanto tendemos a supor".

A leitura do texto nos traz à mente questionamentos sobre o que é eficácia afinal, já que os autores não a reconceituaram à luz dessa nova abordagem, preferindo enfatizar mais suas características e a relação dialética com a ineficácia. Adicionalmente, ficamos sem saber por onde começar a pensar em novas formas de medição da eficácia dentro dessa lógica. São dúvidas que talvez o espaço limitado não possa esclarecer, mas que certamente não comprometem a possibilidade que novas ideias, pesquisas e formas de ação administrativa surjam a partir desse texto inspirador.

Capítulo 11

Felicidade nas organizações[13]

Talvez uma das afirmações de maior consenso seja a de que estamos sempre em busca da felicidade, independentemente de como a entendemos. Mas como podemos buscar ou desejar algo que não sabemos muito bem o que é? Certamente temos noções do que a compõe: paz de espírito, amar e ser amado, sucesso profissional, reconhecimento social, boas amizades, apenas para citar alguns componentes – mais importantes para alguns, menos para outros – do mosaico do que entendemos popularmente por felicidade.

Nos últimos anos, especialmente no universo acadêmico, com destaque para a Psicologia e Economia, foram publicadas várias obras que procuram delinear mais adequadamente o tema da felicidade, torná-la mais compreensível e, inclusive, mensurável, para que, de certa forma, se torne previsível. A tentativa de medir a felicidade ou decompô-la em variáveis quantitativas não é a única novidade desse campo de estudo em desenvolvimento.

11.1 Visões da felicidade

De acordo com Matthew Pianalto, em seu artigo Happiness, Virtue and Tyranny, publicado no *Philosophy*

---

13 Publicado na *GV-Executivo*, vol. 8, n. 1, 2009, pp. 44-45.

Now (n. 68, 2008), um fato inédito envolvido na concepção contemporânea de felicidade é a noção de bem-estar subjetivo, ou seja, a percepção da pessoa acerca de quão bem ou quão satisfeita ela está com sua vida. De acordo com essa abordagem, uma pessoa feliz é uma pessoa psicologicamente feliz, e os estudiosos desse campo procuram investigar que tipo de coisas, situações e escolhas podem propiciar esse estado. Adicionalmente, prossegue Pianalto, a tendência é que as pessoas sejam apenas relativamente felizes. Assim, a felicidade é entendida como subjetiva, relativa, confundindo-se com um tipo de estado mental e sentimental, e fortemente dependente do ambiente e contexto social.

Entretanto, alerta Pianalto, há outra abordagem que descende dos antigos filósofos gregos: ênfase no bem-estar objetivo, isto é, nos aspectos concretos para uma verdadeira vida feliz. Essa abordagem interessa-se pela natureza de uma boa vida e, para isso, recomenda a dedicação ao desenvolvimento de virtudes ou excelências, de tal modo que a vida melhor e mais feliz correspondia à vida mais excelente.

Um exemplo dessa abordagem é a de Aristóteles. O autor grego identifica duas excelências no ser humano: a intelectual e a moral. A primeira é alcançada por meio da instrução, da aprendizagem que, por sua vez, é exercitada pelo estudo e pela leitura. A segunda é produto do hábito, que se aperfeiçoa exclusivamente pela atividade. Podemos dizer que a moral é mais um hábito do coração que intelectual, aproximando-se do que os gregos denominavam de *philokalía*, ou amizade pelas belas ações.

Em decorrência, para que uma pessoa aja moralmente, ela deve aprender por meio de sua própria ação moral: adquirimos a excelência moral por efetivamente tê-la praticado, como nas artes. Não é por meio de códigos escritos, métodos coercitivos, treinamentos de final de semana ou cursos que se adquire a excelência moral, mas com a convivência com pessoas que agem moralmente e incentivem às outras pessoas a agirem da mesma maneira.

Aristóteles ainda enfatiza que a felicidade – tradução insatisfatória para a palavra grega *eudaimonia* – não pode ser considerada um estado mental porque uma pessoa dormindo poderia estar em algum estado mental em particular, como um sonho agradável e, por isso, considerada feliz, o que para o filósofo seria um absurdo. A felicidade, então, requer esforço de nossa parte e é mais bem entendida como uma atividade de desenvolvimento de nossas potencialidades, correspondendo, assim, ao aprimoramento pessoal das excelências morais e intelectuais.

11.2 Subjetivo e objetivo

Portanto, as duas abordagens sobre felicidade são diferentes. Pianalto salienta isso da seguinte forma: se alguém perguntar quão felizes estamos, consideraremos estarmos sendo questionados sobre como estamos nos sentindo em relação a nossas vidas. Se a mesma pergunta fosse dirigida a Aristóteles, estaria sendo pedido a ele para que fizesse uma avaliação moral de sua vida.

A primeira abordagem – a do bem-estar subjetivo – não precisa necessariamente recorrer a conceitos morais ou critérios objetivos para avaliarmos o quanto somos felizes e, provavelmente, avaliaremos nossa felicidade em termos de eficiência na satisfação de nossos desejos e objetivos individuais. A segunda abordagem, ao contrário, avalia a eficiência do controle sobre nossos desejos e educação sentimental para que aflorem nossas virtudes.

Embora diferentes, Pianalto acredita que há possibilidade de alguma relação entre as duas abordagens. Parece que agir virtuosa ou moralmente contribui para a felicidade psicológica: fazer o bem pode fazer com que nos sintamos bem. No entanto, há casos em que tentamos agir virtuosamente, mas um resultado inesperado pode fazer com que nos sintamos culpados, por exemplo.

Outra maneira de se considerar essa relação é sugerida pelo terapeuta Viktor Frankl e pelo filósofo Peter Singer. Ambos salientam a busca pelo sentido da vida como uma motivação primária do ser humano. Resumidamente, são colocados três critérios suficientes que propiciam o significado da existência para um indivíduo: ter um projeto de vida; sustentar compromissos ou buscas em longo prazo; e traçar objetivos mais amplos que os próprios interesses.

11.3 Felicidade e organizações

Para as organizações preocupadas com o tema da felicidade, é fundamental que, em seus espaços, seus membros possam desenvolver suas potencialidades e virtudes não apenas intelectuais, mas também morais, para estabelecerem um significado às suas atividades.

Possibilitar o agir moral significa que, no espaço organizacional, o indivíduo possa conduzir sua vida em favor de três harmonias: entre si e a sociedade, entre si e a organização e entre seus próprios valores pessoais. Para isso, a organização não poderá promover a desconexão valorativa das outras duas instâncias (sociedade e os próprios valores), a fim de causar no indivíduo um estranhamento de sua própria conduta. Por exemplo, é razoável afirmar que é socialmente aceitável que um pai deve ensinar aos seus filhos boas ações, do tipo não pegar as coisas dos outros sem pedir, ou não mentir (instância da sociedade). O próprio pai acredita que deva agir assim (instância dos valores próprios), mas se no ambiente de seu trabalho (instância organizacional), ele é obrigado a se conduzir contrariamente ao que tenta ensinar aos seus filhos, isso pode ser uma grave fonte de infelicidade.

Por fim, é importante salientar que o agir moral não leva necessariamente a uma melhoria do desempenho organizacional nas dimensões legais e econômicas. Uma contribuição dessa natureza apenas seria possível se distorcêssemos a moral para esses fins, e isso devido à inexistência de uma relação direta entre o comportamento moral e o aumento da taxa de lucro. Sabemos que há pessoas que enriquecem utilizando métodos injustos, ilícitos ou imorais, e que há pessoas reconhecidas como justas e honestas que não obtiveram êxito financeiro. Desse modo, ao se tratar da moral, tanto no âmbito pessoal quanto organizacional, a única recompensa direta que se obtém é o sentido à vida que ela proporciona e a satisfação subjetiva de ter feito a "coisa certa". Em uma só palavra: felicidade.

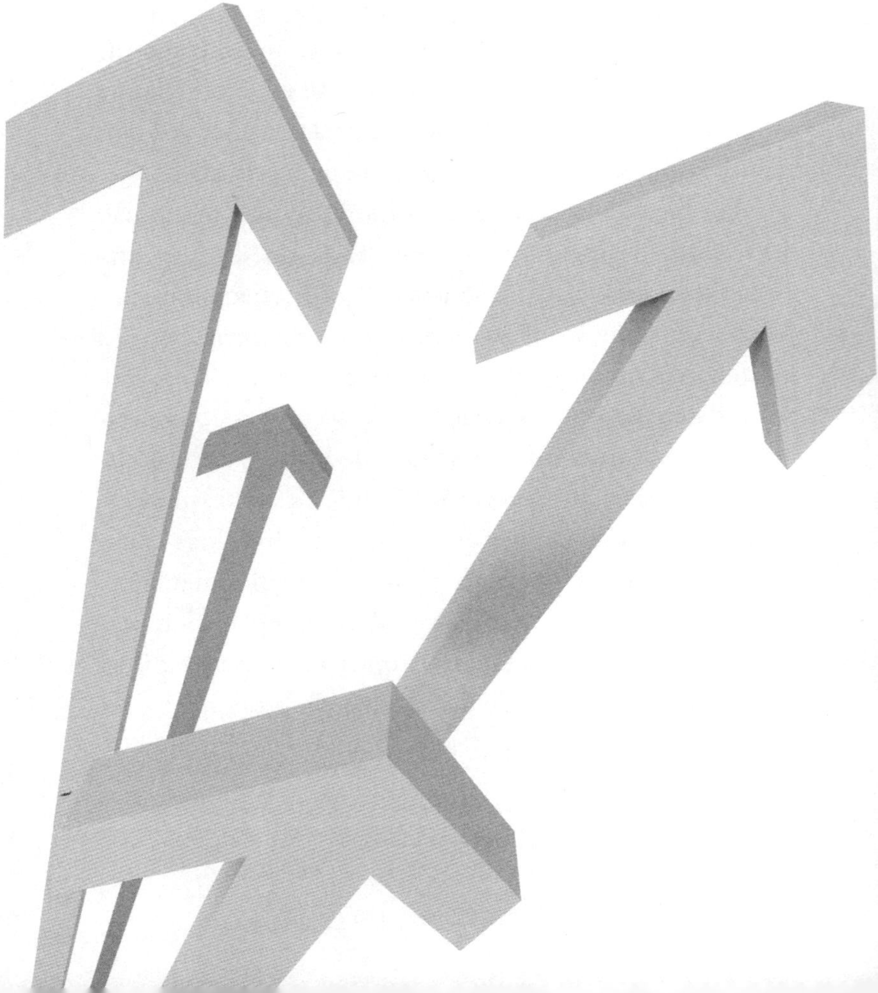

Capítulo 12

A redução da dimensão ética nas organizações[14]

Coautoria de Pedro F. Bendassolli

A situação da ética na atualidade pode ser comparada ao enfraquecimento e à perda de uma língua. Pense-se, por exemplo, no latim, cujo grande público não tem mais acesso, alguns sequer sabem que foi a língua falada por um dos mais poderosos impérios da Antiguidade. Hoje, praticamente apenas os especialistas conhecem e ocupam-se do latim. Em nossa perspectiva, algo semelhante ocorre com a ética.

É importante salientar que a ética de que se fala é a ética como consideração prática e presença relevante no mundo, e não como tema de estudos filosóficos (ética filosoficamente pensada). Enquanto a primeira nunca deixou a história das disciplinas filosóficas, a segunda praticamente desapareceu do cotidiano. Em vista disso, a análise da obra de Guerreiro Ramos (1989) parece ser uma luz ao entendimento desse fenômeno.

Pretendemos expor neste capítulo o que Guerreiro Ramos denominou de "síndrome comportamental", cujas características estão inerentes à sociedade centrada no mercado, e que possui como traços principais a fluidez

---

14 Publicado na *Revista Portuguesa e Brasileira de Gestão* (Lisboa), vol. 8, 2009, pp. 46-54.

da individualidade, o perspectivismo, o formalismo, e o operacionalismo. A relevância do estudo desse tema é sua importância para a compreensão dos atuais dilemas acerca da pensabilidade da ética nos espaços organizacionais. Grande parte de tais dilemas é oriunda do reducionismo – proporcionado pela síndrome – das bases psicológicas das atuais teorias organizacionais. Por fim, propomos uma nova redução da perspectiva ética nas organizações – um prolongamento ou aprofundamento da síndrome comportamental e a obsessão pelo desempenho.

12.1 Comportamento e ação

Antes de adentrar propriamente as características da síndrome comportamental, Guerreiro Ramos faz algumas ressalvas. Uma delas é uma proposta de distinção entre *comportamento* e *ação*.[15] Esquematicamente se pode agrupar da seguinte forma:

Quadro 1: Distinção entre comportamento e ação

Comportamento	Ação
Forma de conduta que se baseia na racionalidade funcional ou na estimativa utilitária de consequências (o ser humano tem em comum com outros animais).	Própria de um agente que delibera sobre coisas porque está consciente de suas finalidades intrínsecas.
Categoria mais importante: conveniência.	Categoria mais importante: padrão substantivo de conduta.

---

15   Proposta análoga se encontra em Arendt (1983). A autora apresenta a distinção entre *fazer* e *agir*.

Desprovido de conteúdo ético de validade geral.	Constitui uma forma ética de conduta (universalizável).
Ditada por imperativos exteriores (conduta mecanomórfica).	Reconhece o valor intrínseco das finalidades.
Pode ser avaliado como funcional ou efetivo e inclui-se, completamente, num mundo determinado por causas eficientes.*	O ser humano age, toma decisões e faz escolhas porque causas finais influem no mundo em geral e não apenas causas eficientes.

Fonte: Elaborado pelo autor a partir dos fundamentos apresentados por Guerreiro Ramos.

*Na filosofia moderna se admitem duas causas: a *eficiente* (a causalidade propriamente dita como relação entre a causa e seu efeito direto) e a *final*, para os seres dotados de vontade livre, pois sempre age tendo em vista fins.

Guerreiro Ramos faz uma reflexão sobre a origem do termo *comportamento*, o qual data do final do século XV e que significava conformidade a ordens exteriores. Observa que essa categoria não perdeu seu significado original, fato que geralmente é negligenciado porque "[...] a conformidade a critérios de gregarismo socialmente estabelecidos foi transformada em padrões de moralidade humana em geral" (Ramos, 1989, p. 51). Assim, o curso das ações dos seres humanos não é mais pautado pelo senso comum substantivo e, dessa forma, "[...] o indivíduo tornou-se uma criatura que se comporta" (Ramos, p. 51).

Guerreiro Ramos (1989, p. 52) assim define a síndrome comportamental:

> [...] é uma disposição socialmente condicionada, que afeta a vida das pessoas quando confundem as regras e normas de operação peculiares a sistemas sociais episódicos com regras e normas de sua conduta como um todo.

Complementa essa definição com a afirmação de que a síndrome comportamental é uma "[...] ofuscação do senso pessoal de critérios adequados de modo geral à conduta humana". Em outras palavras, ocorre a perda da autonomia do indivíduo.

O autor salienta que a síndrome surgiu como uma consequência de um esforço histórico para modelar uma ordem social de acordo com critérios de economicidade. Nessa linha, para Ramos (1989, p. 52), a síndrome comportamental é uma deturpação da noção substantiva de conduta humana, tornando-se característica básica das sociedades contemporâneas, que são a:

> [...] culminação de uma experiência histórica, a essa altura já velha de três séculos, que tenta criar um tipo nunca visto de vida humana associada, ordenada e sancionada pelos processos autorreguladores de mercado.

Em nossa época, o indivíduo teria ganhado uma ilusória melhoria material e perdido em troca o senso pessoal de auto-orientação. Para Guerreiro Ramos, a falta de regulação política do mercado originou a organização de um tipo de vida humana associada, cuja interação se dá apenas por meio dos interesses individuais. Assim, o autor rejeita as premissas psicológicas da teoria de organização atual, por achar que toma por paradigma padrões existentes nas organizações de uma sociedade que não passa de um mero acidente na história, ou seja, confunde *o que é* com *o que deveria ser*.[16]

---

16 "Essa ciência trata de socialização, de aculturação e de motivação como se padrões do bem fossem inerentes a uma tal sociedade. Em vez

Aqui se pode afirmar, por paráfrase, que Ramos denuncia a *falácia naturalista*, termo cunhado pelo filósofo G. Moore (1980) e usado para dizer que aqueles que tinham uma ética derivada da ideia de que *normas* podem ser tiradas de *fatos*, ou seja, que o *dever ser* pode ser tirado do *ser*, podem estar cometendo um erro, pois não há um vínculo no qual se pode apostar com tanta certeza em inferências desse tipo.[17]

Dessa forma, para Guerreiro Ramos, só a deliberação dos membros da sociedade em busca de um padrão ético substantivo na vida humana associada é que pode servir de base para a vida social, e nunca os processos autorreguláveis de mercado ou qualquer outro critério de caráter episódico.

12.2 Principais alicerces da síndrome comportamental

Guerreiro Ramos prossegue analisando quatro fatores fundamentais na síndrome comportamental: a fluidez da individualidade, o perspectivismo, o formalismo e o operacionalismo.

A *fluidez da individualidade* (perda de caráter do indivíduo) se refere a uma síndrome psicológica da sociedade

---

disso, deve ser compreendido que todas as sociedades são menos que boas; apenas o ser humano é bom. Por sua vez, o bom homem nunca é um ser inteiramente socializado; é antes, um ator sob tensão, cedendo ou resistindo aos estímulos sociais, com base em seu senso ético" (Ramos, 1989, p. 52).

17 Atentar para a epígrafe que abre o livro *A nova ciência das organizações*: "Nada é mais censurável do que deduzir as leis que determinam aquilo que *deveria ser feito* daquilo que *é feito*, ou impor a tais leis os limites a que se circunscreve aquilo que é feito" (Kant, *Crítica da razão pura*).

capitalista, que remete a Montaigne e sua visão da natureza humana como inconstante e em contínua transição. Para Guerreiro Ramos, a fluidez da individualidade origina-se da forma de representação de como a sociedade capitalista se legitima. Outras sociedades, anteriores e/ou não ocidentais, basearam-se na noção de que havia uma ordem coerente no universo e que a comunidade humana era parte dela. Segundo Ramos (1989, p. 54), a sociedade moderna:

> [...] não se reconhece como miniatura de um cosmos maior, mas como um contrato amplo entre seres humanos. Assim, a conduta humana se conforma a critérios utilitários que, a seu turno, estimulam a fluidez da individualidade.

O autor cita Hobbes para afirmar que, nessa sociedade, o bom e o mau são convenções, e a imparcialidade substitui a verdade. Assim, o bom cidadão obedece a prescrições externas, sendo incapaz de ação, apenas de comportamento, já que não delibera livremente.

Haveria, assim, uma fé errônea na absoluta transitoriedade das coisas. Apoiando-se em Whitehead, Guerreiro Ramos explica que não é concebível a mudança pela mudança, o fluxo do nada para o nada. A ideia de fluxo de Whitehead é de que o caráter da realidade é composto por organismos cuja essência ou padrão permanece por meio do fluxo das coisas, resultado de causas eficientes e finais. Assim, para mudar é preciso antes ser. Para Guerreiro Ramos, a origem dessa noção generalizada de transitoriedade está em parte na ciência a partir do século XVII, que vê o universo como partículas em movimento. Por outro lado, essa noção seria também fruto da "interiorização acrítica, pelo indivíduo, da autorrepresentação da sociedade moderna".[18] Isso levaria a uma busca pessoal da satisfação de desejos ilimitados, a qual seria vã e geraria uma forma de individualidade que acaba, segundo o autor, em narcisismo. Conclui afirmando que quando a condição humana é classificada apenas como social, a fluidez da individualidade é inevitável.

O perspectivismo se refere à compreensão por parte do indivíduo de que sua conduta, e a dos outros, é afetada por uma perspectiva. Ramos (1989, p. 57) diz que é na sociedade moderna que o indivíduo se dá conta desse fato, gerando:

> *Um tipo peculiar de conduta, que merece ser referida como comportamento, e para se comportar bem, então, o homem só tem que levar em conta as conveniências exteriores, os pontos de vista alheios e os propósitos em jogo.*

Guerreiro Ramos (1989, p. 57) faz menção à introdução das leis a partir da perspectiva do objeto de investigação científica formal, no século XV, para afirmar que:

> *[...] na esteira da revolução comercial e industrial, a perspectiva deveria se tornar, cada vez mais, uma categoria sistemática de trabalho artístico, assim como uma característica da conduta humana em geral.*

---

18 "Que se define como um precário contrato entre indivíduos que maximizam a utilidade, na busca da felicidade pessoal, entendida como busca de satisfação de uma interminável sucessão de desejos" (Ramos, 1989, p. 56).

Analisando o advento do mercado de arte na Itália no século XVI, o autor afirma que é ele a força geradora subjacente da visão perspectivista da vida humana associada. Essa visão teria influenciado a teoria política de Maquiavel, na qual a conduta humana é despojada de substância ética e a política é um cálculo de consequências habilmente a serviço de interesses.[19] Para Guerreiro Ramos (1989, p. 58), Maquiavel é um dos primeiros pensadores a perceber os padrões motivadores imanentes de uma sociedade centrada no mercado, na qual:

> Não apenas os príncipes, mas igualmente os homens comuns, têm o direito de pôr de lado os padrões morais das boas ações, na perseguição dos interesses pessoais [...]. Tais padrões em geral e o perspectivismo em particular tornaram-se os padrões normativos da conduta humana.

O *formalismo* se refere à "[...] observância das regras – de comportamento social – que substitui a preocupação pelos padrões éticos substantivos" (Ramos, 1989, p. 59), fundamentando-se na aparência perante os outros, dissociando-se do bem comum e caracterizada pela conduta humana que se tornou externamente orientada. Absorvendo uma realidade sem atitude crítica, exposto a um mundo

---

19 "O príncipe precisa ser instruído sobre a perspectiva do governante para preservar e aumentar seus bens. Precisa compreender a perspectiva do *cidadão comum* para enganá-lo. O príncipe precisa ter sensibilidade para os imperativos cênicos, isto é, ser virtuoso por fingimento e capaz de induzir os cidadãos a serem bons através do *sábio* exercício da crueldade" (Ramos, 1989, p. 58).

infiltrado de relativismo moral, o sujeito é uma criatura fluida, comportando-se de acordo com o papel da conveniência, e não uma individualidade consistente. Guerreiro Ramos analisa autores como Adam Smith, Castiglione e Aristóteles para explicar que, nas sociedades modernas, "[...] o homem não age, propriamente, mas comporta-se, ou seja, é inclinado a se conformar com as regras eventuais de aprovação social" (Ramos, 1989, p. 62). O bom homem, nesse caso, é aquele que se torna competente em *gerência das impressões*.[20] A legitimação dessa conduta humana, para Guerreiro Ramos, é o postulado básico da ciência do comportamento, focada em seus processos e não em sua substância.

O *operacionalismo* se refere à posição de que apenas as normas inerentes ao método de uma ciência natural de características matemáticas são adequadas para a validação e a verificação do conhecimento. Isso significa dizer que é considerado conhecimento apenas o que se pode fisicamente medir e avaliar. Para Guerreiro Ramos, o operacionalismo é uma característica da síndrome comportamental, permeado de uma orientação controladora do mundo e de uma recusa de reconhecer às causas finais qualquer papel na explicação do mundo físico e social. Nesse raciocínio, o problema da ordem nos negócios humanos admite apenas uma solução mecânica. E prossegue, uma vez que as noções de bem e de mal, e todas as

---

20 Em contraposição, o bom homem enfatizado por Aristóteles é guiado, sobretudo, "pelo que aqui se qualifica como razão substantiva, comum a todos os homens, em qualquer momento e em qualquer lugar, e que não deve ser considerada coincidente com padrões particulares de qualquer sociedade determinada" (Ramos, 1989, p. 61).

virtudes e sentimentos pertencentes ao domínio da ética, assumem o caráter de qualidades secundárias, o planejamento de uma boa sociedade equivale ao planejamento mecânico, em que os indivíduos são engrenados, por instigações exteriores, para suportar as regras de conduta necessárias para manutenção da estabilidade desse sistema (Ramos, 1989, p. 64).

Nessa linha, autores operacionalistas como Hobbes ainda possuem forte influência na teoria das organizações e, por outro lado, há uma forte visão do mundo como um encadeamento de causas e consequências, no sentido mecanomórfico. Esse tipo de visão, segundo Ramos, além de deturpar a identificação do *útil*[21] com o *verdadeiro*, limita a criatividade e a liberdade de ação no mundo.

Guerreiro Ramos conclui afirmando que os traços básicos da síndrome comportamental – a fluidez da individualidade, o perspectivismo, o formalismo e o operacionalismo – "[...] são o credo não enunciado de instituições e organizações que funcionam na sociedade centrada no mercado" (Ramos, 1989, p. 67). Na sociedade atual, principalmente nas organizações, a grande maioria dos indivíduos interioriza inconscientemente a síndrome

---

21 "Utilidade é uma noção cheia de ambiguidade ética. Em si mesmo, aquilo que é útil pode ser tanto eticamente sadio quanto errado no domínio social e, desse modo, o papel do operacionalismo em ciência social deveria ser eticamente qualificado. Isso é precisamente o que Hobbes e os cientistas sociais convencionais, de modo geral, deixam de fazer. Despojaram a utilidade de seu caráter eticamente ambíguo, legitimando como normas gerais aquilo que é útil ao sistema social para o controle dos seres humanos que dele participam. Ainda mais uma vez, é evidente a afinidade entre o operacionalismo e a síndrome comportamental" (Ramos, 1989, p. 65).

comportamental, transformando-a numa segunda natureza, ou seja, a síndrome é reproduzida quase que instintivamente. Isso acontece pelo fato de as organizações serem sistemas cognitivos, cujos membros introjetam seus pressupostos.

O autor ainda afirma que a teoria administrativa existente, por estar submissa a esses mesmos traços básicos, não poderá ajudar o ser humano a superar essa situação. Ao analisar a base psicológica da teoria que denuncia, Ramos entende que ela está submissa por sempre buscar uma generalização teórica para todas as organizações, tendo como parâmetro fundamental um tipo particular de organização: a econômica ou empresa. Tomando-a como um sistema normativo e cognitivo geral, obscurecem-se outras dimensões, como a social e política, inexoráveis para que o indivíduo tenha condições de agir eticamente. Mesmo em uma empresa tradicional, a dimensão econômica não é a única pelo fato de que, concretamente, todas as organizações são sistemas mistos.

12.3 Ética do comportamento e ética da ação

A obra de Ramos dista exatos vinte oito anos e nesse ponto podemos nos perguntar sobre qual o alcance do poder de explicação da "síndrome comportamental" na atualidade, especialmente sobre nossa compreensão da ética nas organizações. Para responder a essa questão, devemos explorar algumas relações entre os conceitos de ação e de ética.

Ramos, como vimos, parte da distinção entre ação e comportamento. Enquanto o primeiro conceito remete à ideia de um sujeito reflexivo, capaz de autodeterminação e ponderação sobre questões morais, o segundo enfatiza as determinações normativas do ambiente. Também conforme pontuado por Ramos, parece ser esse segundo conceito o que está por trás da ciência psicológica das organizações. De fato, a ciência administrativa, que nasceu em solo americano no início do século passado, foi amparada pelas ciências comportamentais, também na tradição norte-americana do início daquele século.

Em linhas bem amplas, tais ciências partem do princípio de que o ambiente condiciona os comportamentos – vistos como ações no sentido estrito do termo, isto é, movimentos, alterações, deslocamentos etc., exercidos materialmente sobre aquele mesmo ambiente – em resposta a ele, a seus estímulos. A matriz das ciências psicológicas ditas comportamentais implica, de um lado, a negação radical de qualquer interioridade e capacidade cognitiva-reflexiva do sujeito e, de outro, na dependência e retificação do método hipotético-dedutivo concebido na tradição positivista e pós-positivista.

Na perspectiva comportamental, amplamente criticada, sobretudo graças às novas abordagens propostas em solo europeu (por exemplo, na psicologia social europeia) e mesmo no movimento cognitivista norte-americano a partir dos anos de 1950, a ética é reduzida a relações entre causa e efeito. Como consequência, essa visão extirpa um princípio fundamental de qualquer pensamento ético: a pressuposição de um sujeito moral capaz de, autonomamente, deliberar sobre sua própria ação. Daí que a ação, na visão de Ramos, remete a uma espécie de "comportamento pensado", e não simplesmente à reação diante de estímulos (causas) ambientais.

A ação é, na verdade, um agir. Provavelmente, apenas os humanos conseguem agir no sentido de colocar no mundo uma ação que é reflexiva, ou seja, pré-ensaiada no espaço de sua subjetividade (interioridade). A ação remete a duas dimensões fundamentais da ética: o sujeito e o significado. Várias tradições filosóficas ocuparam-se do sujeito, desde a que se iniciou com Platão, passando por Descartes e culminando em Kant. Outras assumiram uma postura radicalmente crítica em relação ao sujeito (e à ética), como a encontrada em Nietzsche, Foucault e Derrida, por exemplo.

Na primeira tradição, o sujeito é uma instância fundante do conhecimento. Adicionalmente, como nos mostrou Kant, além de conhecer, o sujeito também tem o *dever* como um princípio ético. O sujeito é aquele que, ao receber os dados imediatos da experiência, consegue transcendê-los pelo entendimento. Para Kant, a ética é um conjunto de regras absolutas às quais o sujeito deve responder, independentemente das consequências. Trata-se aqui de um sujeito racional, sendo sua ação submetida a um sentido de justiça, de obrigatoriedade, a uma perspectiva deontológica (Ricoeur, 1995). Já na segunda tradição, especialmente a materializada em Foucault (1994; 2006), a ética diz respeito, em primeira instância, à relação do indivíduo consigo mesmo, uma ética da excelência, das "práticas de si", da superação de si. Em Foucault, conforme diz Deleuze (2004), a ética implica um processo de contínua construção de si mesmo por parte do sujeito, de confronto com toda força de assujeitamento, que atribui ao sujeito uma identidade fixa e imutável, em suma, no dizer de Ramos, que lhe reduz a um conjunto de comportamentos. Nessa segunda perspectiva, retoma-se a visão teleológica da ética, a preocupação em se viver uma vida boa, orientada para um fim de ordem "superior".

Em síntese, essas duas tradições sobre o sujeito e sobre a ética separam três perspectivas ainda bastante influentes sobre o tema: a ética como moral, ou seja, o *código* – valores e regras de ação propostas aos indivíduos por meio de dispositivos prescritos; a *moralidade do comportamento*, que diz respeito aos comportamentos reais dos indivíduos em relação àquele código (o que pode levar à resistência ou à submissão); e a ética como *constituição de si*, como um *sujeito moral* – o que pressupõe ou permite distintas formas de conduzir-se moralmente. Essa última ética é aquela que entendemos estar pressuposta na crítica feita por Ramos (1989) à síndrome comportamental, dado que essa última pressupõe meramente um sujeito passivo, colado ao código e capturado, pelo imaginário organizacional (Enriquez, 1997), a um código prescrito, de cunho cientificista e reificador.

Na ética comportamentalista, se assim a podemos chamar, dado que, a rigor, deveríamos falar de uma moral comportamentalista, o significado é reduzido a uma dimensão puramente instrumental. Em termos psicológicos, trata-se de uma estrutura de significação reificada, imaginária – o sujeito não produz seus próprios significados ou sequer se posiciona criticamente diante dos significados recebidos: ele se limita a copiá-los, a usá-los como muletas imaginárias para explicar suas próprias angústias, seus dilemas internos e também as próprias contradições externas encontradas no tecido social das organizações (Pagès, 1998). Já na ética da ação, como propomos chamá-la aqui, o significado está intrinsecamente ligado ao que se denominam de processos de subjetivação, à construção do si mesmo no confronto com o mundo. Aqui, o processo de dar significado é fundamental, pois se aceita que ele está na base da ação humana, ligado à linguagem, aos processos de interação e à intersubjetividade (Spink, 2000). A ética se inscreve então numa perspectiva reflexiva (Giddens, 1991), dialógica (Bakhtin, 1993). Inscreve-se também na perspectiva da responsabilidade (Ricoeur, 1995): o sujeito moral como responsável por seus atos, por realizar um julgamento de valor sobre suas ações no mundo, junto com outras pessoas.

Na ética comportamentalista a sociedade (ou o coletivo social) impõe uma versão de caráter coercitivo do que é o *comportamento moral* esperado ou adequado. No campo das organizações, é a cultura da empresa que estabelece as regras *intransigentes* sobre quais se *esperam* certos comportamentos. Avançamos a hipótese de que, na atualidade, não só as premissas e reflexões de Ramos (1989) são atuais como iluminam nossa compreensão sobre um novo reducionismo nas organizações, a saber: a redução dos comportamentos à ideia de *desempenho*. O sujeito é mais uma vez reificado e agora transformado em uma *unidade de desempenho*, o qual é julgado e valorado pelo quanto gera de resultado (econômico, fundamentalmente). Nesse campo, a ética é um fator meramente acessório, como nos programas de qualidade de vida (que visam melhorar as condições de trabalho), nos de justiça organizacional (que buscam matematizar as causas e os fatores moderadores da percepção de justiça por parte dos empregados) e nos programas de ética no trabalho sem-número. Nesses casos, são na verdade simples manuais de como se comportar para se dar bem no trabalho ou para manter o coletivo de trabalho minimamente integrado para propósitos de produtividade.

12.4 Conclusões

O mercado pode ser considerado a categoria ordenadora de praticamente todas as esferas ou espaços de existência da vida humana associada. Com sua racionalidade característica – a instrumental ou funcional – confunde o ser humano multidimensional, dotado de suas dimensões políticas, sociais e físicas, com o ser humano unidimensionalizado, cujo interesse é a satisfação de seus desejos. Dessa forma, provoca influências desfiguradoras da vida humana como um todo, como a síndrome comportamental.

Enquanto os indivíduos, em geral, continuarem sucumbindo à persuasão, às pressões e às influências que mantêm tal síndrome atuando, haverá pouca oportunidade para a reativação da capacidade de reflexão ética do indivíduo, por deixá-lo sem um "piso firme" que seja metassocial. Portanto, pretender que a pensabilidade da ética nas organizações seja possível requer a superação da síndrome comportamental, de modo que esse ser passivo, que se comporta, torne-se um ser ativo, que delibera para a responsável determinação do caráter ético de sua conduta. No entanto, isso não significa que basta uma ação voluntariosa do indivíduo, do seu livre arbítrio, para que se realize tal superação.

Como vimos, a ética inclui duas dimensões essenciais: uma processualista, calcada na perspectiva da justiça (moralidade associada ao código), e outra teleológica, inspirada pela ideia do bem, da condução de uma vida boa. Dizer que apenas a ação voluntariosa constitui a ética seria desprezar a outra dimensão que a liga ao mundo, sua dimensão por assim dizer *legal*. A ética comportamentalista, ou síndrome como a denomina Ramos (1989), extirpa justamente a dimensão constituinte da ética, tal como ilustrada pelas ideias de Foucault, como vimos. Nessa última perspectiva, dado um enquadre legal, moral ou codificado (critérios de justiça e legalidade – no caso das organizações, dos códigos instituídos em sua estrutura de poder e em sua estrutura simbólica, cultural), pode-se dizer que o indivíduo é lançado em uma perspectiva genuína e verdadeiramente ética. Isso, quando ele, confrontado consigo mesmo, com as questões internas sobre como conduzir sua vida na multiplicidade de opções que lhe são possíveis, age como um sujeito reflexivo, construtor de significado e capaz de responsabilizar-se por eles, tanto face a si mesmo como também aos outros, isto é, face à intersubjetividade.

Os estudos e as teorias administrativas não podem admitir como ponto de partida que os seres humanos são individualidades fluidas, moldáveis com cursos e treinamentos, principalmente ao se falar de ética. Recorrer aos pressupostos do formalismo, do perspectivismo e do operacionalismo, propostos por Ramos (1989), impossibilitará uma abordagem suficientemente abrangente do ser humano, para abarcá-lo integralmente, e considerá-lo um ser organizacional apenas episodicamente. Isso significa atentar para o fato de que o indivíduo possui a capacidade ética e que deve ser levada em conta nas formulações teóricas. E mais: acatar os pressupostos da síndrome comportamental também incapacitará uma abordagem suficientemente abrangente das organizações como espaços em que é possível o agir ético.

Essas considerações levam a uma pergunta: quais espaços e situações precisam ser criados para não sucumbir à síndrome comportamental? E como construí-los? Como manter a tensão necessária, em qualquer empreendimento ético, entre dimensões procedimentais (justiça), codificadas – em suma – morais, e a dimensão estética, reflexiva, criativa e livre do sujeito?

Esse texto não teve a pretensão de começar a propor alguma resposta. Mas tão somente destacar o modo como a ética vem sendo mutilada no pensamento organizacional moderno e seu efeito negativo sobre a possibilidade do agir eticamente do indivíduo nas organizações. Contudo, finalizamos com Guerreiro Ramos, o qual diz que o ponto de partida para alguma proposta que venha a ser sugerida deve ter como critério a razão lúcida, e não apenas a racionalidade funcional ou instrumental, como foi batizada uma de suas faculdades tomada como o todo. Um ponto final importante para a reflexão é sobre os limites internos às próprias organizações – e às teorias organizacionais – para fundar um espaço de ética em sociedades pós-moralistas, ou seja, em um momento em que as grandes instâncias universais de doação de sentido parecem esfacelar-se rumo a um individualismo de tipo infrapolítico.

Capítulo 13

A saúde moral das organizações: um diálogo aberto[22]

Neste capítulo tem-se o objetivo de delinear algumas questões acerca de um novo conceito na área de Estudos Organizacionais: o de saúde moral, proposto por Freitas (2003, 2005) para se referir a:

> *Uma permanente atitude crítica das empresas e de seus membros em relação às suas práticas internas e externas, que conferem um sentido de justiça, dignidade e integridade aos seus compromissos para com seus funcionários, concorrentes e a sociedade onde estão instaladas.*

Lembrando que o conceito de saúde financeira é facilmente decodificado e fazendo uma distinção entre o que é moral e legal, a autora afirma que o ambiente organizacional apresenta evidentes sinais de deteriorização, apesar de todo o discurso ético alardeado nos últimos anos.

A década de 1990 foi particularmente generosa na abundância de

---

22 Publicado em GONÇALVES, A.; GUTIERREZ, G.L.; VILARTA, R. (org.). *Gestão da qualidade de vida na empresa*. Campinas: IPES Editorial, 2005, pp. 105-122.

comportamentos organizacionais reprováveis, divulgados na grande imprensa mundial e que também provocaram o surgimento de termos fortes na análise organizacional, como: mau comportamento (Ackroyd e Thompson, 1999), predadores organizacionais (Mokhiber e Weissman, 1999), sabotagem (Sprouse, 1992), assédio moral (Hirigoyen, 1998), perversidade organizacional (Freitas, 2001), e sadismo organizacional (Schönbeck, 2003). Isso, visto que as empresas assumem cada vez mais um papel predominante, quase de instituição, nas sociedades modernas. Parece-nos inevitável que o destaque lhes seja dado, não apenas quando cumprem seus objetivos, mas também quando atravessam os limites do permitido numa sociedade democrática e saudável. É certo que as empresas têm uma ampla autonomia para legislar internamente e definir seus objetivos, mas ela não é irrestrita, devendo dar satisfações à sociedade que a abriga. No entanto, reconhecemos que se a sociedade não pode obrigar uma empresa a agir moralmente, ela pode impor penalidades derivadas de estragos em imagem e reputação, o que não raro é muito mais difícil de ser recuperado.

    O que pretendemos não é repetir os argumentos da autora quando analisa o poder das megacorporações, o mau comportamento organizacional na administração de recursos humanos, o assédio moral e as condições organizacionais que lhe favorecem, a questão da humilhação no trabalho e o questionamento de se a ética em negócios é apenas um negócio. O nosso intuito é o de construir um diálogo entre aqueles textos organizacionais e alguns pensamentos filosóficos subjacentes à questão em foco, abrindo um debate que nos parece ser pertinente e necessário no atual cenário sócio-organizacional, cuja tendência é simplificar ou mesmo omitir temas que não possam ter aplicação instrumental, ou seja, que não demonstrem utilidade prática para atingir objetivos produtivos e financeiros.

Diante disso, a seguir serão tratadas as distinções entre saúde e doença, ética e moral, e as formas de atividade que levam à ação moral. Adicionalmente, será discutido o termo saúde moral e de que maneira ela se manifesta nas organizações, bem como as manifestações de sua falta. Na seção seguinte serão discutidas algumas terapias, não em termos preceituais, mas em linhas gerais que podem ser guias mestras para se pensar a saúde moral em cada realidade específica, com destaque a uma proposta denominada organizações autentizóticas.

13.1 Saúde, ética e moral

É fundamental fazermos a distinção entre a saúde e a doença. Considero que ter saúde equivale à capacidade de realizarmos nossas potencialidades de agir, seja no campo físico ou psíquico. Por exemplo, o câncer ou a depressão é uma doença na medida em que impossibilita colocarmos em prática nossos projetos ou realizarmos nossas atividades. De acordo com essa definição, o câncer pode não ser configurado como doença quando a pessoa consegue certa autonomia, certo grau de movimento. Sem dúvida, os profissionais da área da saúde não concordarão com isso, mas a definição apresentada não é uma abordagem médica ou biológica, mas filosófica.

A partir disso podemos chegar a mais duas distinções. Há basicamente dois tipos de atividades. A primeira busca atingir um objetivo predeterminado. Palavras como metas e resultados fazem parte de seu vocabulário. É uma atividade estratégica, em que os meios e os fins são bem delineados e separados e não raro, quando alguns objetivos são atingidos, são vistos como pré-estágios para se atingir outros. A vida de acordo com essa conduta é semelhante a um homem que vai atravessar um belo rio de barco e que, mal se afasta da margem, se pergunta: "Quanto tempo vou levar para chegar do outro lado? O que faço para chegar o mais rápido possível?". Pensa, raciocina, mas não vê a paisagem agradável que tem diante de seus olhos. É sempre um fazer ou agir "para" alguma coisa, seja para ganhar dinheiro, para sobreviver ou para conquistar um cargo profissional que considera importante.

Há outro tipo de atividade que é mais sutil. Não há objetivos preestabelecidos, muito menos metas e resultados a serem atingidos. Ele é expressão da gratuidade, em que meios e fins estão emaranhados, indistinguíveis. Faz-se por fazer, por ser agradável, por proporcionar uma espécie de "barato", sem pensar no que vem depois. É um agir "por" algo ou alguém desinteressadamente. Representa esse tipo de atividade o ajudar uma pessoa a atravessar a rua, ler um bom livro acompanhado de café, brincar com os filhos ou conversar com seu melhor amigo pelo telefone durante a madrugada.

São duas qualidades de atividades que têm sua importância para o equilíbrio psíquico. O problema se instaura se nos dedicarmos especificamente apenas a uma delas. Podemos ficar "doentes" por agirmos unicamente de acordo com o primeiro tipo, relegando para depois o segundo, que fornece um sentido estético à vida. Dessa forma, para que sejamos "saudáveis", é fundamental que em nossos hábitos cotidianos haja espaços para os dois tipos de atividades.

Nesse ponto também é importante distinguir entre a moral e a ética. Para os nossos propósitos, a moral se refere à aprovação ou rejeição de certas condutas por meio de enunciados que dão valor a tais condutas. Ela está muito ligada às tradições, costumes, lutas por direitos civis que entram em conflito com certas tradições políticas, enfim, formas de agir passíveis de serem julgadas conforme os valores sociais vigentes ou ações que venham a modificar tais valores. A moral está na esfera do que é vivenciado, podendo ser, assim, denominada de moral vivida. Um ponto de referência adotado é o seguinte: comportamento moral é aquele que leva o indivíduo a crescer, o que significa se realizar mais amplamente em suas potencialidades. E como tais potencialidades somente se desenvolvem em sociedade, o indivíduo cresce quando todos os membros da sociedade crescerem, não podendo seu comportamento prejudicar o dos demais. Retomando o que foi discutido sobre saúde, comportamento moral também pode ser interpretado como saudável, na medida em que leva à realização de nossas potencialidades, sem se descuidar da saúde dos outros membros da sociedade.

Diferentemente, a ética se refere a uma discussão no plano filosófico que diz respeito à moral vigente e das morais alternativas. Portanto, a ética é uma filosofia moral. Ela é importante porque nos fornece análises racionais acerca do que é o certo e errado, lícito e ilícito, justo e injusto, e é dentro de sua esfera que certas questões são discutidas. Exemplos dessas questões são: aborto, eutanásia, uso em pesquisa de embriões humanos e de animais, uso de animais para alimentação, teorias da justiça, relação empresa e sociedade, participação dos trabalhadores e cidadania corporativa.

Para delinear melhor a questão que queremos chegar, recorremos a Aristóteles. O autor grego identifica duas excelências (ou virtudes) no ser humano: a intelectual e a moral. A primeira é alcançada por meio da instrução, da aprendizagem que, por sua vez, é exercitada pelo estudo e pela leitura. A segunda é produto do hábito, que se aperfeiçoa exclusivamente pela atividade. Podemos dizer que a moral é mais um hábito do coração que um hábito intelectual, se aproximando do que os gregos denominavam de *philokalía*, que significa amizade pelas belas ações. É importante destacar que a "excelência intelectual" está mais relacionada com o primeiro tipo de atividade mencionado no início, enquanto a excelência moral está mais relacionada ao segundo sem, contudo, terem um caráter de exclusividade. E quais as derivações dessa abordagem? Para que uma pessoa aja moralmente, ela deve aprender por meio de sua própria ação moral: adquirimos a excelência moral por termos efetivamente praticado, tal como nas artes. Não é por meio de códigos escritos, métodos coercitivos, treinamentos de final de semana ou cursos, mas com a convivência com pessoas que agem moralmente e incentivem as outras pessoas a agirem da mesma maneira. Além disso, a pessoa deverá estar imersa num contexto organizacional que permita esse tipo de comportamento, de modo que possa adquirir a excelência moral.

Além disso, é necessário acrescentar que o comportamento moral não é uma estratégia ou contribuição para a melhoria da *performance* organizacional nas dimensões legais e econômicas. Uma contribuição dessa natureza apenas seria possível se distorcêssemos a moral para esses fins, devido à inexistência de uma relação direta entre o comportamento moral e o aumento da taxa de lucro. Seria como afirmar que, no âmbito pessoal, toda pessoa honesta ou que age moralmente tenderá a aumentar automaticamente sua renda. O cotidiano nos impede de aceitarmos essa afirmação. Sabemos que uma parte das pessoas que enriqueceram utilizou métodos injustos, ilícitos ou imorais, e que parte das pessoas reconhecidas como justas e honestas não obteve êxito financeiro. Desse modo, ao se tratar da moral, tanto no âmbito pessoal quanto organizacional, a única recompensa direta que se obtém é a satisfação subjetiva de ter feito a "coisa certa". Recompensas materiais derivadas das ações morais são contingentes.

13.2 Saúde moral

Agora podemos propor o que denominaremos de saúde moral das organizações: é a probabilidade de os membros das organizações agirem moralmente, em relação às suas próprias práticas internas e externas, que estabelecem um senso de justiça, dignidade e integridade aos seus compromissos para com seus pares, funcionários, concorrentes, fornecedores, acionistas, Estado, consumidores e a comunidade na qual a empresa está instalada (Freitas, 2005). De outra maneira – e tentando contribuir com a proposta de Freitas – podemos afirmar que uma organização possui saúde moral na medida em que seus membros conseguem desenvolver suas potencialidades por meio tanto da ação estratégica quanto da ação gratuita. Assim, estabelecem um sentido em suas atividades para possibilitar o comportamento moral.

Possibilitar o comportamento moral significa que no espaço organizacional no qual o indivíduo está imerso seja possível conduzir sua vida em favor de três harmonias: entre si e a sociedade; entre si e a organização; e, da conduta em relação aos seus próprios valores. Para isso, a organização não poderá promover a desconexão valorativa das outras duas instâncias (sociedade e os próprios valores), para causar no indivíduo um estranhamento de sua própria conduta. Por exemplo, é razoável afirmar que é socialmente aceitável que um pai deve ensinar aos seus filhos boas ações, do tipo não pegar as coisas dos outros sem pedir, não trair seus amigos, não enganar os outros, não mentir (instância da sociedade). O próprio pai acredita que deva agir assim (instância dos valores próprios), mas no ambiente de seu trabalho (instância organizacional) ele é obrigado a se conduzir de maneiras contrárias ao que tenta ensinar aos seus filhos. Isso pode ocasionar sérios problemas de saúde moral no indivíduo.

E como se origina a saúde moral? Uma falha comum ao se tratar a moralidade nas organizações é considerar que as pessoas devem e vão obedecer a uma regra ou "lei". Essa falha possui como ponto de partida o seguinte pressuposto acerca da conduta humana, já traçado a partir do final da Idade Média e que permeia toda a Idade Moderna: uma vez deixada a vontade livre, ela estaria mais propensa ao falso que ao verdadeiro, e mais propenso ao erro que à conduta certa. Portanto, deve haver *a priori* regras disciplinares da vontade para que o indivíduo seja conduzido ao verdadeiro e ao certo (Ghiraldelli Jr., 2003).

O ponto falho desse pressuposto é que a observância de uma lei ou de um código de conduta não é condição suficiente para que o indivíduo se torne moral. Retomando Aristóteles, assim como uma pessoa desconhecedora dos saberes da medicina, que for "comandada" por um médico numa operação não se torna médico, quem seguir determinadas normas ou códigos, mesmo de maneira irrestrita, não pode ser qualificada como agente moral, mesmo se objetivarem tal qualificação. O pano de fundo dessa argumentação está no pressuposto de que o sentido (ou o motor) da ação moral deve estar no indivíduo e não externo a ele.

Dito isso, queremos propor uma redescrição da conduta humana na esfera moral, tendo como ponto de partida o conceito psicanalítico de identificação (Freud, 1978a) e sua influência na filosofia moral abordada pelo neopragmatismo (Ghiraldelli Jr., 2003). Segundo essas duas abordagens, as pessoas preferem oferecer sua lealdade não a um conjunto de normas, mas a um grupo em que confiam, mediadas pelo mecanismo de identificação. A moralidade se origina não na obrigação (legítima ou não), mas na relação de confiança recíproca entre laços de pequenos grupos. Nesse sentido, comportar-se moralmente é fazer o que naturalmente se faz no relacionamento com nossos familiares, ou com nossos semelhantes nos pequenos grupos. A reciprocidade se estabelece pelo respeito à confiança depositada em nós. O grande desafio é fazer com que esses laços de confiança sejam ampliados em círculos cada vez maiores para abarcar o maior número possível de pessoas.

Um corolário a partir disso é que nenhum sistema de controle formal em uma organização pode garantir que seus membros se comportem moralmente (no sentido estabelecido neste livro). Em outras palavras, não há relação entre o aumento do controle externo ao indivíduo e o aumento de sua capacidade de agir moralmente, o que significa afirmar que o controle externo não leva à moralidade. A lealdade e a confiança – elementos genéticos da moralidade – operam dentro de sistemas informais da organização por meio de relacionamentos que extrapolam os sistemas formais.

A obrigação (contrária à confiança) surge quando nossa lealdade ao pequeno grupo entra em conflito com aquela a um grupo maior. Por exemplo, ao ter que demitir um amigo, há um conflito entre a lealdade com esse amigo (porque tem esperanças de não ser demitido por mim) e a lealdade à empresa (para reduzir os gastos, os superiores esperam que eu cumpra a ordem de alguma maneira). Portanto, pode-se afirmar que os dilemas morais nas organizações são lealdades que podem ou não entrar em conflito. Por conflito queremos dizer uma tensão entre o comportamento moral e as regras e normas organizacionais.

A seguir, temos a representação esquemática:

Figura 2: Tensão entre o comportamento moral e a organização

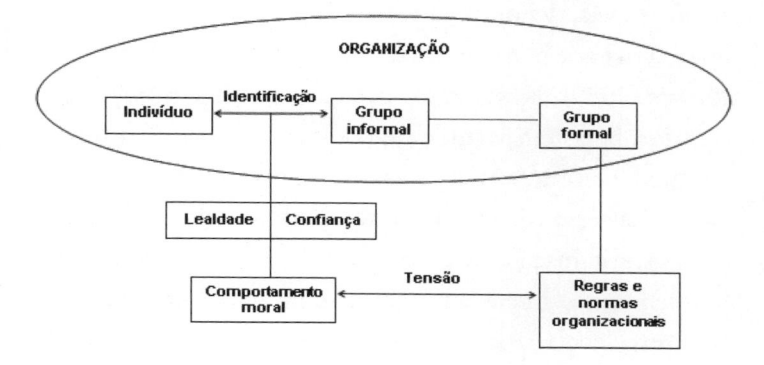

13.3 Sintomas da falta de saúde moral

Uma questão importante ao se fazer uma análise da falta de saúde moral é o cuidado para não cairmos em moralismos, ou seja, julgamentos que não levam em conta a complexidade da situação e que estão ancoradas em preconceitos ou estereótipos. A intenção dessa seção é discutir alguns sintomas da falta do que estamos denominando saúde moral das organizações.

Um primeiro sintoma que pode ser citado são os atos no processo de demissão de funcionários que podem ser adjetivados como covardes (Freitas, 2005). Aliás, demissão já é uma palavra que está sendo substituída por "desligamento", talvez como uma forma de esvaziamento moral do ato. São atos como demissões feitas por *e-mail*, enviadas por fax, no período de férias, no estacionamento ou em épocas festivas, como o natal e o fim de ano. Há um ritual para se entrar na organização, iniciado no primeiro processo de seleção, mas ao ser retirado da organização, o indivíduo é ocultado de todos, sem um ritual de saída.

Um segundo sintoma pode ser chamado de transvaloração, ou seja, denominar o que outrora era bom de mau e o que era mau de bom, numa espécie de antinomia (Guerreiro Ramos, 1989). Nesse caso, palavras de origem bélica são transformadas em virtudes, e comportamentos reprováveis em qualquer outra esfera social são tidos como necessários para o "sucesso". Entre eles, estão intrigas, sabotagem entre equipes, difamação, boicote de informação e intimidações. Um fenômeno interessante acerca da transvaloração é a palavra excelência. Antes sinônimo de virtude, a excelência sofreu modificação completa de sentido, significando agora um padrão cujo alvo nunca será e deverá ser atingido, uma versão contemporânea da anedótica figura da cenoura e do burrico. Essa busca pela excelência, tão diferente da excelência moral e intelectual de Aristóteles, é uma fonte de angústia e ansiedade. São faces de um estresse constante, por incentivar a obsolescência generalizada dos saberes, das carreiras, das idades, dos relacionamentos e dos resultados, tornando o tempo em alguma coisa que está contra nós.

Um terceiro sintoma é o assédio moral (Hirigoyen, 1998; Freitas, 2001). Ele se diferencia dos outros comportamentos por ser repetido, com o intuito de causar danos à personalidade, integridade psíquica, degradando o clima do ambiente em que o assediado frequenta. O assédio moral é uma violência velada composta de vários pequenos atos insistentes que atormentam a outra pessoa, tais como ser retirada a mesa de alguém sem aviso ou ser ignorado intencionalmente por outra pessoa. A situação é piorada com o silêncio dos colegas, supervisores e subordinados.

Um quarto sintoma é a humilhação. Derivado dos estudos de Barreto (2000, citado por Freitas, 2005), sua definição é o sentimento de ser inferiorizado e menosprezado pelos outros, sentindo-se sem valor e inútil. As situações de humilhação são variadas e diversificadas, envolvendo a própria organização do trabalho, relações hierarquizadas de gênero, ambiente de trabalho e a submissão a outros que detém o poder. São casos em que a pessoa, ao ficar doente, sofre pressão ou desprezo pelos chefes e colegas, tratado como se fosse o responsável pela doença. E quando reintegrado à produção, é comum o rebaixamento de seu cargo ou atividade.

Uma relação entre a saúde moral e a saúde do trabalho pode ser estabelecida. Consideradas como falta de saúde moral, essas manifestações citadas levam inexoravelmente a doenças físicas (úlcera, derrame, infarto) e psicológicas (depressão, síndrome do pânico, paranoia) devido ao estresse constante e intenso que predomina nas organizações. Ketz de Vries (2001, p. 101) expõe sua preocupação acerca do estresse no ambiente de trabalho. Ele acredita que as estatísticas sobre as doenças, sobre o fraco desempenho e do absenteísmo relatam uma história dramática sobre disfunções no trabalho. Em muitas organizações, o equilíbrio entre a vida pessoal e profissional foi completamente perdido. São histórias horrorosas sobre a liderança disfuncional, sobrecarga de trabalho, demandas de trabalho contraditórias, comunicação pobre, ausência de oportunidades de desenvolvimento da carreira, iniquidades nas avaliações de desempenho e remuneração, restrições quanto ao comportamento, e viagens excessivas. Essas situações levam a reações de depressão, alcoolismo, abuso de drogas e desordens do sono.

Portanto, mais do que nunca, precisamos de formas de terapia para essas questões de maneira a estabelecer a saúde moral das empresas e a consequente saúde no trabalho.

13.4 Terapia

A proposta terapêutica tem o sentido de "dissolver" os problemas, as questões ou contradições, e não de resolvê--los. Portanto, são diretrizes gerais que buscam a construção da saúde moral, e que devem ser aperfeiçoadas de acordo com a realidade de cada empresa.

Um primeiro ponto a ser destacado é a dimensão política das organizações. Há uma desconexão entre o ambiente social e o ambiente organizacional. Na época em que surgiram as primeiras fábricas na Revolução Industrial no século XVIII, a sociedade não conhecia a democracia. Hoje, as fábricas continuam com a mesma configuração política, enquanto no seu entorno houve mudanças políticas profundas. Daí deriva uma questão não resolvida que exerce forte influência na saúde moral. O cidadão vive na *pólis*, um lugar em que pode votar em seus representantes, e vive boa parte de sua vida em outro sistema social – a empresa – na qual seus chefes não são eleitos, mas escolhidos por outros chefes, e onde o autoritarismo é o sistema político por excelência. Dessa forma, é fundamental que sejam criados mecanismos de participação na tomada de decisões relevantes e não performáticos, de modo que as propostas e sugestões dos membros da organização sejam verdadeiramente levadas a sério. Em outras palavras, deve-se aumentar o grau de democracia nas organizações. Não devemos esquecer de que antes de Maquiavel a ética e a política sempre foram consideradas e pensadas juntas. Para que seja estimulado o comportamento moral, essa ideia deve ser retomada.

Não há incompatibilidade, *a priori*, entre a eficiência econômica e o que é o "certo a fazer" em relação a valores. Por isso, um segundo ponto é que seja permitido e estimulado um vocabulário que englobe a moral, que se fale e que se aja em conformidade com ele; a coerência entre o falar e o agir é primordial para que o vocabulário seja levado a sério. Ainda mais, consideramos que há uma ordem de prioridade entre ambos: devemos ser, antes de falar, ou seja, se comportar moralmente antes de falar sobre a moral. Os gregos tinham um termo ético importante para isso, *Kalon*, que significa ser merecedor de admiração, por possuir uma força moral de convergir o discurso e a prática.

Um terceiro ponto é a criação de mecanismos que permitam transformar as organizações em "lugares decentes", ou seja, em lugares em que não haja espaço para humilhações e assédio moral. Nesse sentido, deve-se pensar em direitos e deveres humanos nas organizações. Não é moralmente aceitável a incompatibilidade do que se entende por direitos humanos, entre a organização e a sociedade. Para isso, as organizações podem desenvolver discussões preventivas e sinalizar, por meio de sua cultura, que comportamentos dessa natureza não são toleráveis, e, ao mesmo tempo, ficarem atentas às condições favoráveis ao seu surgimento (Freitas, 2005).

Um quarto ponto é sobre a ideia de competição. Uma sugestão é que as organizações se aproximem mais da metáfora do prêmio dos jogos olímpicos na antiga Grécia, em que a competição estava ligada às suas próprias virtudes – ganhava-se do adversário devido à manifestação de suas virtudes –, do que ao que ocorria na Arena Romana, cuja vitória era a destruição do oponente. Essa última, mais presente no imaginário empresarial, tem como efeito colateral uma competição interna da mesma qualidade, pois o inimigo pode estar tanto lá fora quanto aqui dentro. O primeiro – jogos olímpicos – é uma autorreferência, ou seja, deve-se alcançar muito mais a própria excelência (no sentido aristotélico) do que a excelência (no sentido empresarial contemporâneo) estabelecida por outros e para destruir o inimigo.

Como quinto ponto é sugerido que os grupos informais não sejam vistos como algo a ser combatido, mas como espaços e fontes importantes de estímulo ao comportamento moral e de contestações importantes do comportamento da organização nesse âmbito. Muito mais que querer controlar tais grupos, a organização pode escolher entendê-los e, por meio deles, fazer um autodiagnóstico de sua saúde moral.

Por fim, um ponto de ordem individual: a construção da saúde moral começa pelo cotidiano. Pelo fato de o comportamento moral ser um hábito, devemos nos exercitar dia a dia, a cada minuto do nosso convívio com os outros. E como não há uma moral para a vida privada e outra para a vida pública, é possível estender a conduta na família e amigos para o ambiente de trabalho. Isso significa que pequenos atos heroicos que fazemos e que são merecedores de admiração das pessoas do nosso círculo particular – como ser justo mesmo nas pequenas coisas, atos de doação, solidariedade e responsabilidade – são exercício válidos para que aprendamos a agir da mesma forma com os nossos colegas de trabalho.

13.5 Uma proposta de saúde moral: as organizações autentizóticas

Em seu trabalho de 1999, mas principalmente de 2001, o psicanalista Kets de Vries apresenta o que ele denominou de organizações autentizóticas (*authentizotic*). Esse neologismo deriva de duas palavras gregas: *autenteekos* e *zoteekos*. A primeira remete à ideia de que a organização é autêntica, palavra ligada a outras como sincera, legítima e verdadeira. Um lugar de trabalho autêntico implica que a organização possui a qualidade de estabelecer conexões, percebidas pelos funcionários, entre sua visão, missão, cultura e estrutura. A comunicação estabelecida na organização não esclarece apenas o "como", mas também o "por que", proporcionando significado a cada tarefa. São tipos de organização em que as pessoas se sentem completas e vivas.

Já o termo *zoteekos* significa essencial para a vida. Nesse ambiente as pessoas são revigoradas pelo trabalho. Organizações que possuem elementos de *zoteekos* proporcionam um sentido de equilíbrio e completude, com um ambiente que estimula a autoafirmação, fruto de um sentido de efetividade e competência, autonomia, iniciativa, criatividade, empreendedorismo e diligência.

Segundo o autor, essas organizações são a resposta para uma vida estressante, fornecendo uma experiência de vida saudável e significativa, que "ajudará seus funcionários a manter um balanço efetivo entre vida pessoal e organizacional" (Kets de Vries, 2001, p. 110). Ele acredita que o ambiente de trabalho pode vir a proporcionar bem-estar psicológico e um meio de estabelecimento de identidade e autoestima. Aliás, afirma que o principal item que deve constar na agenda de todos para o novo milênio é a criação de ambientes de trabalho saudáveis. Tais ambientes requerem que o trabalho seja realizado para que tenha um sentido para os funcionários, em que haveria congruência entre objetivos coletivos e pessoais. Tal congruência, entre o mundo interno e o externo, contribuiria para a saúde do indivíduo e da organização.

Esse ponto merece uma observação. A busca pela congruência talvez possa ser interpretada como a busca pela unicidade do sujeito com o universo, um estado de união que Freud (1978b) denominou de sentimento oceânico. Na medida em que as organizações estabelecem a cisão (esquizo) entre a vida pessoal e profissional, é reforçada uma fonte de sofrimento, ao não permitir que os cosmos interno e externo sejam um só.

A questão primordial, portanto, é como integrar na vida organizacional o tipo de sentido que ajudaria os integrantes a se tornarem realizados ou autorrealizados. A proposta de Kets de Vries tenta responder essa questão ao descrever as necessidades humanas e os significados abarcados por tais organizações:

Quadro 2: Dimensões das organizações autentizóticas

Senso/sentido	Explicação
Propósito	Os líderes criam um sentido de propósito às pessoas, mediante a articulação de uma visão para o futuro e de um propósito para a organização. Contribui para a identidade de grupo.
Autodeterminação	Os funcionários sentem que controlam suas vidas, sem se verem como meros instrumentos a serviço de objetivos que não lhes dizem respeito. Sentem que são senhores de seus próprios destinos.
Impacto	Empoderamento (*empowerment*), ou seja, os membros estão convencidos de que suas ações e contribuições podem fazer a diferença para a organização.
Competência	Há condições para que os participantes sintam que estão desenvolvendo seu potencial. A aprendizagem contínua é essencial.
Pertencimento	Os participantes sentem que pertencem a uma comunidade, que é a base para a confiança e o respeito mútuo.
Alegria	Fazem parte do ambiente organizacional as dimensões da alegria e diversão.
Significado	Fornecem às pessoas propósitos que transcendam suas próprias necessidades pessoais, dando sentindo às suas vidas.

Fonte: Rego e Souto (2004).

Quando essas condições são encontradas, efeitos positivos são produzidos, tanto para o indivíduo quanto para a organização. De acordo com a pesquisa de Rego e Souto (2004), os efeitos são os seguintes: por parte do indivíduo, níveis superiores de bem-estar são experimentados, há o sentimento de autorrealização e cumprimento no trabalho, sua necessidade de se sentir pertencente a uma comunidade é satisfeita, é equilibrada a vida familiar e a profissional. Ainda, pelo fato de a organização ter proporcionado condições de recompensa intelectual e emocional, por ter dado significado à sua vida, o indivíduo desenvolve o sentido do dever de reciprocidade, empenhando-se afetiva e mais efetivamente na organização. Contudo, deve-se ressaltar que esse empenho afetivo e efetivo é muito mais um efeito colateral por estimular a saúde moral do que o objetivo a ser atingido pela organização.

A saúde moral deve ser entendida como uma dimensão tão fundamental para a organização quanto às relacionadas com a eficácia. A dificuldade para legitimá-la possivelmente reside em sua sutileza – tanto que as pesquisas quantitativas encontram dificuldades em mensurar, de forma confiável, questões como o comportamento moral. Ser sutil não significa ser menos importante, mas menos perceptível. Podemos comparar com a nossa saúde psicológica e biológica: notamos quão importante é a saúde apenas quando a perdemos. Assim podemos dizer da saúde moral: as manifestações de sua falta, como os atos covardes, as humilhações, os assédios e a corrupção falam mais implacavelmente que um discurso sobre a moral nas organizações.

Como categoria analítica, ela nos permite compreender a dimensão moral das organizações livres do moralismo e do gerencialismo. A primeira distorce as questões primordiais da moralidade por meio de seus julgamentos apressados e pressupostos preconceituosos; a segunda a instrumentaliza, ou seja, impõe uma lógica estritamente econômica, que não pertence à esfera da moral. Contudo, estamos cientes de que há ainda muito caminho a percorrer para que essa categoria seja mais precisamente formulada, que será o objetivo de futuros estudos.

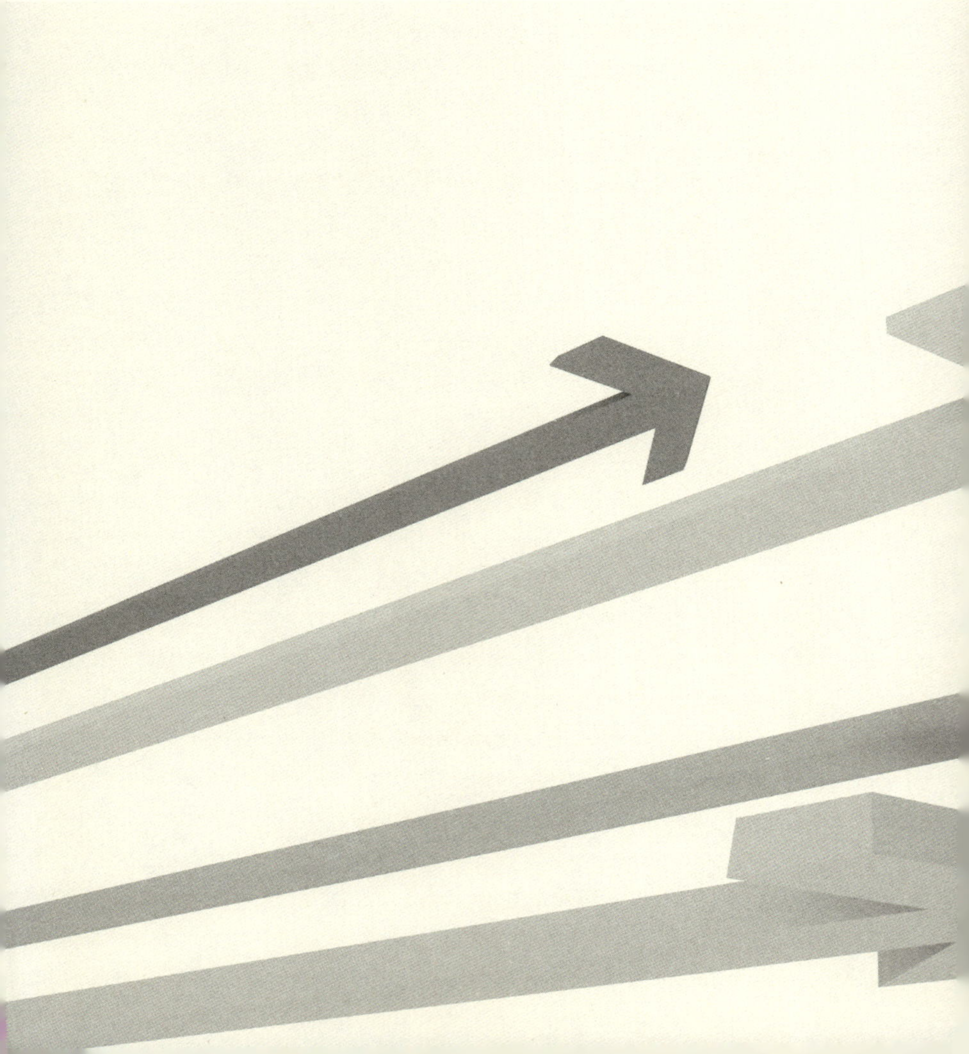

Capítulo 14

Variedade de ambientes organizacionais e qualidade de vida[23]

No capítulo anterior houve a discussão sobre o tema saúde moral na tentativa de mostrar que, se o contexto organizacional não proporcionar aos seus membros a possibilidade do comportamento moral, provavelmente sofrerá as consequências de algum tipo de patologia. A saúde moral faltará nas organizações se sua natureza não for compreendida. Ou seja, é fundamental entender por que e como os indivíduos tendem a agir moralmente, quais os contextos que incentivam tais comportamentos e a relevância do grupo informal para isso. Também foram abordadas as organizações autentizóticas, de Ketz de Vries, como proposta de uma possível busca de saúde moral.

Neste capítulo avançaremos nesse tema, mas de modo mais abrangente, utilizando como parâmetro a teoria de delimitação dos sistemas sociais de Guerreiro Ramos. Segundo a teoria, para uma boa qualidade de vida nas organizações, é imprescindível que o indivíduo seja

---

23 VILARTA, R.; CARVALHO, T.H.P.F.; GONÇALVES, A.; GUTIERREZ, G.L. (org.). *Qualidade de vida e fadiga institucional*. Campinas: IPES Editorial, 2006, pp. 111-125.

partícipe de uma variedade de ambientes organizacionais ou de sistemas sociais, a fim de atender diferentes objetivos – como a autorrealização e a eficiência produtiva. Ramos denominou essa assertiva "lei dos requisitos adequados", explorada nesse texto.

Este capítulo é composto de três seções. A primeira é dedicada a expor a teoria da delimitação dos sistemas sociais, seus desdobramentos e conceitos fundamentais, e serve como referencial para o argumento central. A segunda seção se ocupa de discorrer sobre a lei dos requisitos adequados, ilustrada pela apresentação das cinco dimensões dos sistemas sociais. A terceira procura desdobrar certas implicações práticas dessa lei.

14.1 Teoria da delimitação dos sistemas sociais

Guerreiro Ramos (1989) percebeu, ao longo de suas pesquisas nos anos 1960 e 1970, que estava surgindo uma nova sociedade, com novos padrões de comportamento, a qual denominou sociedade pós-industrial. Porém, essa sociedade não era um desdobramento da sociedade atual, que Ramos caracterizou como centrada no mercado. O autor não acreditava em incrementalismo ou na ideia de evolução social. Segundo ele, apesar dos condicionamentos que o contexto histórico imprime, há sempre um certo grau de liberdade para a ação humana na história. Por isso, afirma que é possível, por meio de ações políticas intencionais, planejar uma sociedade onde haja múltiplos sistemas sociais que possibilitem múltiplos critérios para a ordenação da vida pessoal. Para Ramos, na sociedade os indivíduos se defrontam primordialmente com duas questões ou necessidades: a sobrevivência biológica e a busca do sentido de sua existência. Em relação à primeira, a sociedade atual já desenvolveu tecnologia e sistemas sociais suficientes para suprir essa necessidade. Nesse caso, a fome e a pobreza não são um problema de produção, mas de distribuição. Quanto à segunda necessidade primordial – a busca de sentido –, de acordo com o autor, ainda não se desenvolveu a tecnologia necessária para o planejamento de sistemas sociais que se ocupem dela, mas cita alguns trabalhos que tentam abordá-la.

Apenas para ilustrar o que se quer dizer com um novo padrão de comportamento, não são raros, nas escolas de pós-graduação *lato sensu* em administração, os casos de colegas muito insatisfeitos ou frustrados com seus empregos nas empresas, sejam elas médias ou grandes, no setor de produção ou de serviços. A insatisfação está relacionada – apenas para citar alguns fatores – com a falta de liberdade de decisão e ação; a carga excessiva de horas extras de trabalho; a falta de privacidade no tempo fora da empresa (é comum a empresa ligar até nos finais de semana para resolver algum problema); a competitividade excessiva entre os colegas; e o esgotamento total, que impede a realização de outras atividades que não envolvam o trabalho. Eles buscam no mestrado e doutorado uma forma de mudar de carreira, acreditando que a vida acadêmica possa lhes proporcionar maior liberdade de ação; ou talvez estejam em busca de esforços pessoais que tenham uma relação mínima com o mercado.

Para Ramos (1989), a atual sociedade centrada no mercado não proporciona aos indivíduos espaço para a autorrealização. Dessa forma, eles vivem em sistemas sociais inadequados, o que requer "grande quantidade de energia psíquica para conseguir compensar as pressões que estimulam o comportamento patológico" (p. 164). Por isso, é necessário pensar e propor novo paradigma e nova teoria para a análise de sistemas sociais para evitar as "distorções existenciais" ou a "fadiga existencial" dos indivíduos. A seguir é detalhada a proposta de Ramos (1989) para essa questão.

14.2 Pressupostos

Guerreiro Ramos (1989) propõe um modelo multidimensional de análise dos sistemas sociais, em contraponto à tradicional análise unidimensional, que concebe o mercado como único critério e padrão para a organização da existência social e individual. O autor considera a unidimensionalização um tipo de socialização em que o *ethos* do mercado é introjetado pelo indivíduo sendo que age como se esse *ethos* servisse de padrão normativo de todos os seus relacionamentos sociais. E vai mais além ao afirmar que as ciências sociais, até então, eram unidimensionais por considerarem e legitimarem o mercado como o principal critério de ordenação social e pessoal.

Como tentativa de superação do processo de unidimensionalização da vida social e individual e das ciências sociais, Ramos propõe a noção de delimitação organizacional. Ela implica que a realidade social é constituída de diferentes domínios ou enclaves (espaços de existência, que podem ser físicos ou mentais) nos quais o indivíduo pode ter diferentes tipos de atividades. Dessa forma, o mercado deixa de ser a única força e critério para a ordenação da vida social e individual. O autor salienta que a questão não é se o mercado é bom ou mau, ou se o indivíduo deve ser partidário do "anti"capitalismo ou do "anti" mercado. Mas é uma questão de adequação ou não do sistema social às necessidades e propósitos de autorrealização do indivíduo. Ramos parte do pressuposto de que o ser humano é multidimensional (dimensões política, social e biológica) e dotado de razão – uma força ativa da psique humana que permite ordenar sua vida social e pessoal. E sustenta que uma teoria da organização cuja principal categoria seja o mercado não é aplicável a todos os tipos de atividade, mas apenas a um tipo especial: a atividade econômica.

Dessa forma, para que o ser humano exerça sua multidimensionalidade para ter uma existência completa, os espaços por ele vivenciados devem permitir que todas as suas dimensões sejam exercitadas. Nos dizeres de Arendt (1983, p. 59), "[...] nenhuma atividade pode tornar-se excelente se o mundo não proporciona espaço para seu exercício". Assim, o autor propõe que a economia, como sistema social, seja delimitada. Ela não deve alcançar a vida completa do ser humano, pois entende que o autodesenvolvimento da pessoa é um projeto para o qual a organização econômica formal não proporciona condições propícias. Sob o ponto de vista do modelo proposto por Ramos, é impossível a integração total dos propósitos organizacionais e pessoais.

14.3 Principais elementos e categorias

Partindo da multidimensionalidade do ser humano, a teoria da delimitação dos sistemas sociais propõe que os diferentes espaços da existência humana correspondem a cada uma de suas dimensões. Essas dimensões são: a razão, que corresponde ao espaço da política; a dimensão social, que corresponde ao espaço da convivialidade; e a dimensão biológico-física, que corresponde ao espaço da economia ou do mercado. Também faz parte da teoria o limite que se impõe ao espaço que cada dimensão deve ocupar na existência humana. De acordo com ela, os valores do espaço da convivialidade e os da economia/mercado não podem usurpar aqueles do espaço da razão. A teoria possui uma forte característica, que é a de impor limites ao mercado e à sociabilidade, sem, entretanto, desconsiderar a importância de cada um.

Uma sociedade que tenha a razão como sua ordenadora e delimite o espaço do mercado, constitui-se naquilo que Ramos define como o paradigma paraeconômico. O autor também afirma que a paraeconomia, além do que já foi dito, é constituída do mercado como enclave da realidade multicêntrica. E assim, nesse paradigma, podem existir múltiplos critérios substantivos de vida pessoal e uma variedade de padrões de relações interpessoais. Na concepção do paradigma, o ser humano será incidentalmente um maximizador da utilidade, podendo se ocupar com o ordenamento de sua existência conforme suas próprias necessidades de realização. Além disso, nesse espaço social, o indivíduo não é forçado a se conformar inteiramente ao sistema de valores do mercado.

O paradigma paraeconômico pode ser entendido como dois vetores que se cruzam ao meio, formando um ângulo reto (Ramos, 1989, p. 141). Pensando em graus, o vetor vertical aponta, em sentido ascendente, para um espaço crescentemente prescritivo e, em sentido descendente, para um espaço com progressiva ausência de normas. Já o vetor horizontal, no sentido da direita aponta para uma orientação individual e no da esquerda, para uma orientação comunitária. O autor observa que os seis domínios do paradigma que foram tipificados (economia, isonomia, fenonomia, horda, insulação e anomia) devem ser considerados tipos ideais no sentido weberiano. Além desses tipos, é possível conceber vários arranjos intermediários e mistos. A explicação de alguns detalhes específicos do paradigma é apresentada a seguir.

14.4 Orientação individual e comunitária

No mundo social visualizado pelo paradigma há lugar para a realização individual livre de prescrições impostas e essa realização tanto pode ocorrer em pequenos ambientes exclusivos quanto em comunidades de tamanho regular. Nesses lugares alternativos, ou espaços de existência, é possível fazer uma verdadeira escolha pessoal, tendo em mente a multidimensionalidade do ser humano. Ramos (1989) não reduz o indivíduo a um agente maximizador da utilidade, cuja liberdade de escolha se dá em atividades de comércio. Finalizando essa parte, reproduz-se um parágrafo importante para o entendimento desse tópico:

Em vez de proclamar a possibilidade de uma total integração das metas individuais e organizacionais, o paradigma aqui apresentado mostra que a realização humana é um esforço complexo. *Jamais poderá ser empreendido num tipo único de organização*. Como detentor de um emprego, o indivíduo é, geralmente, obrigado a agir segundo regras impostas. Contudo, em diferentes graus, tem ele variadas necessidades. Por exemplo, precisa participar da comunidade, da mesma forma que tomar parte em especulações que deem expressão à singularidade de seu caráter. Os cenários adequados à satisfação de tais necessidades, embora em grande parte não estruturados, são até certo ponto modelados por *prescrições* ou a que se chegou por *consenso*, ou que foram *livremente autoimpostas* (Ramos, 1989, p. 143, grifos nossos).

Prescrição e ausência de normas – Para que se consiga a execução de qualquer trabalho, é preciso que haja a observância de normas operacionais. Há uma relação inversamente proporcional entre o caráter econômico do trabalho e a oportunidade de realização pessoal. Quanto maior a primeira, menos chances se tem de obter a segunda, isso porque há menor oportunidade de uma verdadeira escolha pessoal. Contudo, a teoria da delimitação não pretende a eliminação das prescrições do mundo social. Entende que elas são indispensáveis à manutenção e ao desenvolvimento do sistema de apoio de qualquer coletividade. No entanto, interessa-se pela delimitação dos domínios em que cabem tais prescrições, e nos quais podem até ser legitimamente impostas ao indivíduo, como na economia.

Agora, parte-se para a conceituação dos domínios do paradigma.

A economia é um espaço altamente ordenado e prescritivo, estabelecido para a produção de bens e/ou a prestação de serviços, e onde o mercado tende a se tornar a categoria predominante na ordenação da vida individual e social. Nesse contexto, razão é normalmente sinônimo de cálculo de consequências. É na economia que as pessoas detêm empregos e realizam trabalhos, raramente se ocupam. Esse fato se torna evidente quando se considera que o "trabalho é a prática de um esforço subordinado às necessidades objetivas inerentes ao processo de produção em si", enquanto "a ocupação é a prática de esforços livremente produzidos pelo indivíduo, em busca de sua realização pessoal" (Ramos, 1989, p. 130). Já o emprego constitui um posto de trabalho formal junto a uma organização ou pessoa, dentro do escopo do mercado. Os efeitos do emprego sobre a vida humana em geral são alienantes, transformando o ser humano em "vítima patológica da sociedade centrada no mercado" (Ramos, 1981, pp. 98-108).

A isonomia (igualdade de normas) é um espaço em que todos os membros são iguais. É uma oportunidade para o exercício mais igualitário de vivência, exercitando-se a convivialidade. De acordo com Ramos, são cinco as características desse espaço. A primeira alude ao seu objetivo essencial de permitir a realização de seus membros, independentemente de prescrições impostas. Quando inevitáveis, as prescrições se estabelecem por consenso e visam contribuir para a boa vida do conjunto. A segunda característica é o caráter autogratificante do espaço, pois os indivíduos que nele livremente se associam desempenham atividades compensadoras em si mesmas. As atividades realizadas nesse contexto são promovidas como vocações, não como empregos, estando aí a terceira característica da isonomia. O quarto aspecto é a não diferenciação entre a liderança ou gerência e os subordinados. A isonomia é concebida como uma verdadeira comunidade, onde a autoridade é atribuída por deliberação de todos. Finalmente, a quinta característica refere-se ao seu tamanho. Se a isonomia aumentar de tamanho além de um determinado ponto, fazendo surgir e desenvolvendo relacionamentos secundários e categóricos, eliminando os contatos face a face, ela necessariamente declinará, transformando-se numa democracia, oligarquia ou burocracia.

O espaço da fenonomia (do grego *phaineim* = mostrar) caracteriza-se como uma oportunidade para o exercício da realização pessoal. Esse sistema social tem caráter esporádico ou mais ou menos estável, iniciado por um indivíduo, ou por um pequeno grupo. A subordinação a prescrições formais é mínima e a opção pessoal é máxima, constituindo-se como um ambiente necessário às pessoas para a liberação de sua criatividade, sob formas e segundo maneiras escolhidas com plena autonomia. Seus membros empenham-se apenas em obras automotivadas. As fenonomias são cenários sociais protegidos contra a penetração do mercado, e, portanto, os critérios econômicos são incidentais, em relação à motivação de seus membros. Apesar do interesse em sua individualidade, o membro desse espaço tem consciência social. Sua opção visa tornar outras pessoas sensíveis quanto a possíveis experiências que são capazes de partilhar ou apreciar. Exemplos são as atividades relacionadas com as artes e alguns trabalhos intelectuais.

A anomia, a horda e a insulação são categorias anormais, que se regem pela marginalidade em relação ao sistema social. A anomia define as pessoas destituídas de senso social e vida pessoal. Elas não têm um norte para sua vida. A anomia caracteriza a pessoa que perdeu o sentido da vida. A horda se refere ao sentido coletivo da anomia, caracterizado como um conjunto de pessoas sem rumo, sem sentido da ordem social. Na insulação, o indivíduo, diferentemente do anômico e dos membros da horda, está totalmente comprometido com uma norma que para ele é única. Considera o mundo social inteiramente incontrolável e sem remédio. Dessa forma, encontra ele um canto em que, de modo consistente, pode viver de acordo com seu peculiar e rígido sistema de crenças. O isolado se torna um alienado, no sentido político. Ele não perde um certo senso do social, mas quando o perde, se transforma em anômico.

14.5 Lei dos requisitos adequados

Ramos adverte que a "lei dos requisitos adequados" é o tópico fundamental para uma nova ciência das organizações. Partindo da noção de delimitação (como exposta anteriormente), defende que uma variedade de espaços ou cenários diferentes é primordial para uma sadia vida humana associada.

Especificamente, segundo Ramos (1989, p. 156):

> *A lei dos requisitos adequados estabelece que a variedade de sistemas sociais é qualificação essencial de qualquer sociedade sensível às necessidades básicas de realização de seus membros [...].*

Cada pessoa necessita de diferentes espaços existenciais para expressar sua singularidade, exercitando suas dimensões em cada um desses espaços. Dessa forma, o sincronismo ou ajuste do indivíduo a uma sociedade cujo enclave social predominante seja o mercado (ou outro enclave, a questão principal é a unidimensionalização) acaba por impedir sua autorrealização.

Com o intuito de ilustrar o significado dessa lei, Ramos sugere um rápido exame de algumas dimensões principais dos sistemas sociais. Parte essencial da estrutura de apoio de qualquer sistema social é a tecnologia. Ela existe no "conjunto de normas operacionais e de instrumentos por meio dos quais se consegue que as coisas sejam feitas" (Ramos, 1989, p. 157). Portanto, qualquer sistema social possui uma tecnologia, seja uma igreja, empresa ou família.

O tamanho, isto é, o número de pessoas dos cenários sociais influencia a eficácia e o caráter das relações interpessoais dos membros desses cenários. Ramos afirma que não há uma relação direta da eficácia de um cenário social na consecução de suas metas e na otimização de seus recursos com o aumento do tamanho. Na verdade, a crença de que possa existir uma relação direta entre eficácia e tamanho é proveniente da cultura, em que estamos imersos, do "quanto maior, melhor" (Ramos, 1989, p. 158). Os espaços fenonômicos são o menor tipo de cenário social concebível, podendo ser compostos por uma só pessoa, como no caso do ateliê do pintor, ou por um pequeno grupo. Os espaços isonômicos são cenários sociais de tamanho moderado, rigidamente intolerantes com desvios de extensão além de determinado limite: a perda da possibilidade de se manterem relações *vis-à-vis*. Para os espaços econômicos, não há uma regra geral.

As economias de caráter isonômico, como as cooperativas ou empresas autogeridas, requerem tamanhos moderados. Já em economias convencionais, em que a divisão do trabalho, a impessoalidade e a especialização são imprescindíveis para a sobrevivência em um mercado em competição, o grande tamanho passa a ser um requisito necessário.

Cognição – a partir das ideias de Habermas, Ramos (1989) estabelece que os sistemas cognitivos podem ser classificados de acordo com seus interesses dominantes. O quadro abaixo ilustra essa relação.

Quadro 3 – Síntese das relações entre sistemas cognitivos e interesses dominantes

Espaço de existência	Sistema cognitivo	Interesse dominante
Economia	Funcional	Produção ou controle do ambiente.
Isonomia	Político	Estímulo dos padrões de bem-estar social em seu conjunto.
Fenonomia	Personalístico	Desenvolvimento do conhecimento pessoal.
Anomia	Deformado	Desprovimento de um único interesse pessoal.

Fonte: Elaborado pelo autor a partir dos fundamentos teóricos apresentados por Ramos (1989).

Segundo Ramos, pode-se concluir que nossa sociedade, com a total abrangência do sistema de mercado, com seu sistema cognitivo característico, pode invalidar os indivíduos para a ação como membros eficientes de fenonomias e isonomias. Para respeitar a multidimensionalidade do ser humano, os variados sistemas sociais devem proporcionar aos indivíduos condições adequadas a seus específicos e dominantes interesses cognitivos.

O espaço afeta e, em certa medida, chega a moldar a vida das pessoas. Ele pode nutrir ou dificultar nosso desenvolvimento psíquico, em nossa singularidade como pessoas. Os espaços, denominados por Osmond (citado por Ramos, 1989, p. 164) respectivamente espaços socioafastadores e socioaproximadores, podem manter as pessoas separadas ou facilitar e encorajar a convivialidade. Nas isonomias e fenonomias, prevalecem os espaços socioaproximadores. Devido à natureza de suas atividades, prevalecem nas economias espaços socioafastadores, embora, ainda que com alcance limitado, espaços socioaproximadores sejam também necessários em tais cenários.

O tempo é tratado separadamente do espaço apenas por um caráter didático, sem significar que haja dicotomização de fato. As dimensões temporais do sistema social, do ponto de vista paraeconômico, são constituídas das seguintes categorias, expostas a seguir. O tempo serial é o tempo quantificado e tratado apenas como mercadoria, ou um aspecto da linearidade do comportamento organizacional. Essa é a categoria trabalhada na teoria convencional de organização. As economias são os cenários sociais em que prevalece esse tipo de tempo. O tempo convivial não pode ser medido quantitativamente. É uma experiência de tempo em que aquilo que o indivíduo ganha em seus relacionamentos com os outros representa uma gratificação profunda pelo fato de ele se ver liberado das pressões que lhe impedem a realização pessoal. O tempo, em sentido serial, é esquecido. O domínio correspondente ao tempo convivial é a isonomia. O tempo de salto é a qualidade de tempo que o indivíduo experimenta em atividades criativas e de autodesenvolvimento. É o domínio da experiência simbólica, ocorrendo apenas quando o indivíduo consegue romper os limites do social. É um momento importante, de esforços criativos autogratificantes. O tempo errante tem direção inconsistente, e são as circunstâncias, em vez da própria vontade do indivíduo em relação a um propósito, que modelam diretamente o curso de sua vida. Concretamente se pode pensar o tempo errante como o experimentado por pessoas anômicas ou quase anômicas, como mendigos, andarilhos, marginais e, em alguns casos, cidadãos aposentados e desempregados. Ainda nesse caso, pessoas que preferem que seu tempo seja organizado por outra pessoa ou mesmo uma empresa, como as agências de turismo.

Essa tipologia do tempo visa desnudar sua unidimensionalização, que, de acordo com Ramos, é legitimada pelas teorias econômicas e organizacionais convencionais. A unidimensionalização do tempo consiste em um fator responsável pela deformação psíquica da maior parte das pessoas que vivem na sociedade de mercado. A seguir é exposto um quadro-síntese das principais categorias até aqui analisadas e que pode servir de ilustração da multidimensionalidade da teoria da delimitação.

Quadro 4 – Síntese das principais dimensões dos sistemas sociais associadas à teoria da delimitação

Espaço de existência	Tamanho	Sistema cognitivo	Espaço	Tempo
Fenonomia	Espaço individual ou com pouquíssimas pessoas.	Personalístico	Socioaproximador	De salto
Isonomia	Número moderado de pessoas, permite contatos face a face.	Político	Socioaproximador	Convivial
Economia	Grande número de pessoas.	Funcional	Socioafastador	Serial

Fonte: Elaborado pelo autor a partir dos fundamentos apresentados por Ramos (1989).

14.6 Implicações

Resta discutir as principais decorrências da teoria da delimitação dos sistemas sociais e da lei dos requisitos adequados para a qualidade de vida nas organizações. Contudo, duas observações prévias são pertinentes. Primeira, considera-se que há uma relação direta entre a qualidade de vida social e a possibilidade que os indivíduos possuem na sociedade de realizar seus potenciais. Isso significa que quanto maior é a possibilidade de realização das potencialidades humanas numa sociedade, necessariamente melhor é a qualidade de vida. Quanto à segunda observação, as considerações a seguir são no nível microssocial, mas se está ciente de que Ramos também considerou sua teoria no nível macrossocial e de políticas públicas. Dito isso, passa-se para as implicações.

A intenção primeira da teoria é a realização plena das potencialidades do ser humano, e, para isso, é condição *sine qua non* a variedade de ambientes organizacionais. Assim, é fundamental que o indivíduo exerça diferentes atividades em diferentes domínios, inclusive naqueles em que a economia possui caráter incidental. Por isso, é importante que ele desfrute de experiências nos domínios da isonomia, da fenonomia, da economia e em suas formas mistas. O predomínio de qualquer desses domínios na vida de um indivíduo significa que ele terá uma realização parcial de suas potencialidades e, consequentemente, uma qualidade de vida medíocre. Dito de outra forma, a "plenitude da existência humana" se perde caso o indivíduo não considere os assuntos fundamentais de sua condição humana em harmonia com a multiplicidade de domínios organizacionais. E como traduzir em prática a delimitação da dimensão econômica e a vivência de múltiplos espaços existenciais?

Em relação às empresas, sugere-se:

- Não incentivar horas extras de trabalho, ou seja, que o começo e o final do expediente sejam respeitados, e não haja cobranças tácitas para que o funcionário avance em seu horário;
- Evitar o contato com o funcionário para tratar de assuntos da empresa quando ele não estiver em seu horário de trabalho;
- Ser cuidadoso com consultorias e programas de treinamento que tratem de cultura organizacional, liderança ou motivação, para que não aprofundem,

em vez de delimitarem, a economia em detrimento dos outros domínios (lembrando sempre que a falta de motivação é a falta de sentido);
- Reconhecer a importância dos grupos informais, que são isonomias surgidas espontaneamente.
- Reconhecer que a empresa não pode satisfazer a todas as necessidades do funcionário, principalmente as relacionadas à busca do sentido de sua existência, e que, portanto, a exigência de dedicação integral à empresa é um prelúdio para disfunções psíquicas;
- Criar ambientes adequados de convivência social no interior das empresas, dando especial atenção à estética.

Como as economias, isonomias, fenonomias e suas formas mistas se caracterizam por seus estilos específicos de vida, é possível aceitar que o indivíduo possa exercer a delimitação na ordenação de sua existência justamente modificando seu estilo de vida, levando em conta a diversidade de domínios. É primordial que os membros da organização tenham ciência de que ela não pode suprir todas as suas necessidades existenciais, e reservem parte de sua energia física e mental para se dedicarem a outras atividades sem fins econômicos. Também podem ser citados movimentos atuais como o *slow cities*, *slow food* e *slow sex*, que procuram ser alternativas à vida social centrada no mercado, e têm como categoria principal de contestação o tempo, conseguindo enxergar outras subcategorias, além do tempo serial, conforme já discutido. Além disso, a Internet passou a ser um campo rico de experiências, com suas comunidades virtuais, mídia social, *blogs* e comunicadores como o MSN, que parecem ser isonomias e fenonomias virtuais (se é possível utilizar esse termo) que podem suprir a necessidade desses espaços na sociedade real.

Para finalizar, a fadiga, o estresse, a depressão, os distúrbios do sono, a dependência química e outras disfunções psicológicas e físicas podem ser em grande parte resultado da sincronização da vida humana a um único sistema social, que é apenas parte de um todo, mas que roga ser *hólos*. O modelo que Ramos propõe dá ao indivíduo a possibilidade teórica de avançar na constituição de organizações que considerem o ser humano como aquilo que ele é: único e de múltiplas dimensões. E como disse uma senhora certa vez : "o mundo só é bonito porque é feito de tudo". Talvez Ramos (1989) concordasse. A monotonia – seja ela qual for – não gera beleza.

Referências bibliográficas

ACROYD, S.; THOMPSON, P. *Organizational Misbehaviour* Londres: Sage, 1999.

ARENDT, H. *A condição humana*. Rio de Janeiro: Forense-Universitária, 1983.

ARISTÓTELES. *Ética a nicômaco*. Tradução de Mário da Gama Kury, 2ª ed. Brasília: UNB, 1992.

BAKHTIM, M.M. *Toward a Philosophy of the Act*. Austin: University of Texas Press, 1993.

BENNIS, W.G.; O'TOOLE, J. Como a escola de administração perdeu o rumo. Em: *Harvard Business Review*, maio de 2005, pp. 62-70.

DELEUZE, G. *Foucault*. Paris: Minuit, 2004.

ENRIQUEZ, E. O indivíduo preso na armadilha da estrutura estratégica. Em: *Revista de Administração de Empresas*, 1997, 3, vol. 37, n. 1, pp. 18-29.

FOUCAULT, M. *Ditos e escritos: ética, sexualidade e política*. São Paulo: Forense, 2006.

FOUCAULT, M. *Histoire de la Sexualité: Le Souci de Soi*. Paris: Gallimard, 1994.

RAMOS, A.G. *Administração e contexto brasileiro: esboço de uma teoria geral de administração*, 2ª ed. Rio de Janeiro: FGV, 1983.

FREITAS, M.E. Assédio moral e assédio sexual: faces do poder perverso nas organizações. Em: *Revista de Administração de Empresas*, São Paulo, vol. 41, n. 2, abril/junho, 2001, pp. 8-19.

FREITAS, M.E. Is There a Moral Health in Organizations? Em: *SCOS – Standing Conference on Organizational Symbolism*. Cambridge – Inglaterra, 2003, CD-ROM.

FREITAS, M.E. Existe uma saúde moral nas organizações? Em: *Revista Organização e Sociedade* (O&S). Bahia: UFBA, n. 2, 2005.

FREUD, S. Psicologia de massas e análise do ego. Em: *O mal-estar na civilização e outros escritos*. São Paulo: Abril Cultural, 1978a (Os Pensadores).

FREUD, S. *O mal-estar na civilização e outros escritos*. São Paulo: Abril Cultural, 1978b (Os Pensadores).

GHIRALDELLI, JR. P. *Ética e neopragmatismo: uma brevíssima introdução* (mimeo), 2003.

GIDDENS, A. *Modernity and Self Identity*. Cambridge: Polity Press, 1991.

HIRIGOYEN, M-F. *Le Harcèment Moral: la Violence Perverse au Quotidien*. Paris: La Découverte & Syros, 1998.

GOPINATH, G.; HOFFMAN, R.C. The Relevance of Strategy Research: Practitioner and Academic Viewpoints. Em: *Journal of Management Studies*, vol. 32, n. 5, 1995, pp. 575-594.

KETZ DE VRIES, M.F.R.; BALAZS, K. Creating the "Authentizotic" Organization: Corporate Transformation and its Vicissitudes – a Rejoinder. Em: *Administration & Society*, vol. 31, n. 2, 1999, pp. 275-294.

KETZ DE VRIES, M.F.R. Creating Authentizotic Organizations: Well-functioning Individuals in Vibrant Companies. Em: *Human Relations*, vol. 54, n. 1, 2001, pp. 101-111.

MOKHIBER, R.; WEISSMAN, R. *Corporate Predators*. Maine: Courage Press, 1999.

MOORE, G.E. *Princípios éticos*. São Paulo: Abril Cultural, 1980 (Os Pensadores).

ORGANIZACIONAIS, 3-2004. *Anais...* Atibaia: ANPAD, 2004, CD-ROM.

PAGÈS, M. *L'Emprise de l'Organisation*. Paris: Desclée de Brouwer, 1998.

PINA E CUNHA, Miguel; REGO, Arménio. *Uma abordagem taoísta da eficácia organizacional*. Documentos de trabalho em Gestão, Universidade de Aveiro, DEGEI, G., n. 8/2005. Disponível em: <www.tinyurl.com/eficacia>.

RAMOS, A.G. *A nova ciência das organizações*: uma reconceituação da riqueza das nações, 2ª ed. Rio de Janeiro: FGV, 1989.

RAMOS, A.G. Modelos de homem e teoria administrativa. Em: *Caderno de ciências sociais aplicadas;*série monográfica. Curitiba: PUC-PR, 2001. Tradução de Francisco G. Heidemann.

REGO, A.; SOUTO, S. Como os climas organizacionais autentizóticos explicam o estresse, a saúde, o bem-estar afetivo no trabalho e a produtividade. Em: *Encontro de estudos* 3, Atibaia, 2004. Anais... Atibaia: ANPAD, CDROM.

RICOEUR, P. *Le Juste*. Paris: Esprit, 1995.

ROSANAS, J.M.; VELILLA, M. Loyalty and Trust as the Ethical Bases of Organizations. Em: *Journal os Business Ethics*, n. 44, 2003, pp. 49-59.

SALM, J.F. Paradigmas na formação de administradores: frustrações e possibilidades. Em: *Universidade & Desenvolvimento*, Florianópolis, vol. 1, n. 2, 1993, pp. 18-42.

SCHÖNBECK, L. Sadism as Organization Structure. Em: *SCOS – Standing Conference on Organizational Symbol*ism, Cambridge – Inglaterra, 2003, CD-ROM.

SINGER, Peter. *Ética prática*. São Paulo: Martins Fontes, 1998.

SPROUSE, M. (ed.) *Sabotage in the American Workplace*. São Francisco: Pressure Drop Press, 1992.

SPINK, M.J. A ética na pesquisa social: da perspectiva prescritiva à interanimação dialógica. Em: *Psico*, 2000, vol. 31, n. 1, pp. 7-22.

ZAJDSZNAJDER, L. *Ética, estratégia e comunicação na passagem da Modernidade à Pós-modernidade*. Rio de Janeiro: FGV, 1999.

WHITTINGTON, R. Estratégia após o Modernismo: recuperando a prática. Em: *Revista de Administração de Empresas*, vol. 44, n. 4, 2004, pp. 44-53.

Esta obra foi composta em CTcP
Capa: Supremo 250g – Miolo: Pólen Soft 80g
Impressão e acabamento
Gráfica e Editora Santuário